Michael Tschechow,
Lektionen für den professionellen Schauspieler

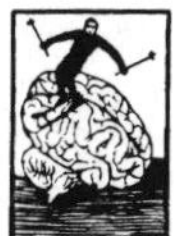

«Wenn Sie meine Methode verstehen wollen, so schauen Sie sich den Schauspieler Michael Tschechow an», äußerte sich Konstantin Stanislawski einst über seinen Meisterschüler.

Michael Tschechow (1891–1955), Neffe des berühmten Schriftstellers Anton Tschechow, galt als einer der brillantesten Schauspieler Russlands im frühen 20. Jahrhundert. Er nutzte sein außergewöhnliches Talent für die Erschaffung völlig unterschiedlicher Figuren und war ein kühner Beobachter des schöpferischen Prozesses. Mitglied in Stanislawskis Moskauer Künstlertheater (MChAT) und später Leiter des MChAT 2, geriet er in den 1920er-Jahren zunehmend in Konflikt mit der stalinistischen Kulturpolitik. Dies führte 1928 zu seiner Emigration. In den darauffolgenden elf Jahren spielte und inszenierte er u. a. in Berlin, Paris und den baltischen Staaten. 1936 gründete er das Chekhov Theatre Studio in Dartington Hall, England, und entwickelte dort die Grundlagen für seine eigene Schauspielmethode. Nach seiner zweiten Emigration 1939 in die Vereinigten Staaten eröffnete er das Studio erneut in Ridgefield, Connecticut, und unterrichtete sowohl in New York als auch in Hollywood.

Michael Tschechow

LEKTIONEN FÜR DEN PROFESSIONELLEN SCHAUSPIELER

Nach Notizen transkribiert und zusammengestellt von Deirdre Hurst du Prey

Deutsch von Michael Raab

Herausgegeben von Anton Rey und Mani Wintsch

Mit einer Einleitung von Mel Gordon

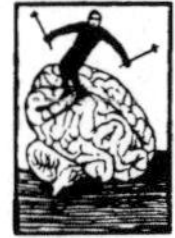

z hdk
Zürcher Hochschule der Künste

Zürcher Hochschule der Künste
Alexander Verlag Berlin

Die vorliegende deutschsprachige Erstausgabe der «Lessons for the Professional Actor», erstmals erschienen 1985 bei Performing Arts Journal Publications, New York, wurde zur Eröffnung der Zürcher Forschungstagung «Living Images – Acting and the Power of Inner Images», 19.–24. August 2013 als Band 9 in der Reihe *subTexte* der Zürcher Hochschule der Künste herausgebracht.
IPF, Institute for the Performing Arts and Film, ZHdK | http://ipf.zhdk.ch

z hdk
Zürcher Hochschule der Künste

Neuausgabe 2022

Alexander Wewerka, Fredericiastraße 8, D-14050 Berlin
info@alexander-verlag.com | www.alexander-verlag.com

Redaktion der Neuausgabe: Anton Rey, Ulrich Meyer-Horsch
Lektorat: Rebecca Schmalholz, Yvonne Schmidt
Grafik/Layout/Umschlag: Antje Wewerka
ISBN 978-3-89581-586-7
Printed in the EU (May) 2022

Inhalt

Deirdre Hurst du Prey

VORWORT

Im November 1941 bekam Michael Tschechow die Möglichkeit, einer Gruppe von renommierten New Yorker Theaterschauspielern die Grundsätze seiner Methode vorzustellen. Sie hatten völlig unterschiedliche Ausbildungen erhalten. Einige waren nach Stanislawskis System unterrichtet worden, andere in den Techniken Meyerholds und Wachtangows, manche kamen aus der Richard Boleslawski-Maria Ouspenskaya-Schule, während wieder andere kurz vorher mit Tamara Daykarhanova, Vera Soloviova und Andrius Jilinsky gearbeitet hatten. Alle waren interessierte, hart arbeitende Schauspieler, die sich von Michael Tschechows Methode eine Herausforderung und neue Anregungen für ihre Spielweise versprachen. In der Gruppe waren Teilnehmer, die Tschechow in brillanten Darstellungen mit seinen Moscow Art Players 1935 in New York gesehen hatten, wo er Hauptrollen in Nikolaj Gogols *Der Revisor*, Henning Bergers *Die Sintflut* und einen Abend mit Anton Tschechow-Einaktern spielte. Viele hatten seinen Vortrag *Der Schauspieler und das Theater von morgen* gehört, den er damals an der New School for Social Research hielt. Andere kannten seine Broadway-Inszenierungen von Dostojewskis *Die Dämonen* 1939 und von Shakespeares *Was ihr wollt* 1941, die von den Chekhov Theatre Players zusätzlich zu öffentlichen

Workshops und Produktionen am Chekhov Theatre Studio in Ridgefield, Connecticut, präsentiert wurden.

Michael Tschechow seinerseits begrüsste die Herausforderung, mit jungen Broadway-Darstellern zu arbeiten, die sich einem kompetitiven kommerziellen Theater gegenüber sahen und die feineren Aspekte ihrer Kunst besser verstehen wollten, in der festen Überzeugung, dadurch eine neue Art von Theater erschaffen zu können.

Zu diesem Zeitpunkt seiner Karriere hatte Tschechow ein Studio und ein Theater in Ridgefield etabliert, ein weiteres Studio in New York und ein nach seiner Methode ausgebildetes Ensemble von Schauspielern, die zu gestandenen Mitgliedern einer regelmässig gastierenden Truppe wurden. Die Chekhov Theatre Players hatten bereits zwei Tourneen durch die östlichen und südlichen Gebiete des Landes absolviert und waren gerade zu einer dritten Tournee aufgebrochen, die sie bis in den Texas Panhandle und den Mittleren Westen führen sollte. Ihr Repertoire bestand aus *König Lear*, *Was ihr wollt*, einer Adaption von Charles Dickens' *Das Heimchen am Herd* und *Troublemaker-Doublemaker*, einem Stück für Kinder, das Tschechow selbst in Zusammenarbeit mit Arnold Sundgaard geschrieben hatte. Für Tschechow bedeutete die Wandertruppe nicht nur ein erfolgreiches künstlerisches und finanzielles Unternehmen. Sie stellte die Erfüllung eines Versprechens und die Vollendung einer Vision aus der Zeit dar, als das Chekhov Theatre Studio 1935 auf dem Landsitz Dartington Hall in England etabliert worden war: nach drei Jahren Ausbildung eine Tourneetruppe von Studio-Schauspielern ins Leben zu rufen. Durch ihre schauspielerische und inszenatorische Qualität sollte es der Truppe gelingen, Tschechows Ideen und Grundsätze für das Theater der Zukunft, an das er so leidenschaftlich glaubte, einer breiteren Öffentlichkeit bekannt zu machen. Vorgesehen war eine neue

Art Theater, mit einer neuen Art Schauspieler, der in jedem Aspekt des Theaters ausgebildet und befähigt sein und seinen Beruf lieben sollte: die Verkörperung all dessen, was Tschechow lehrte. Diese Vision war tatsächlich umgesetzt worden.

Als die Gruppe professioneller New Yorker Schauspieler an Tschechow herantrat und vorschlug, er solle ihnen einen Einführungskurs zu seiner Methode geben, genoss er gerade eine Atempause, verwendete Zeit darauf, sein Buch *Werkgeheimnisse der Schauspielkunst* zu schreiben und bereitete eine weitere Shakespeare-Inszenierung für die Tourneetruppe vor. Er glaubte an ein Publikum, das sich nach solchen Stücken sehnte. Nach der Abreise der Tourneetruppe war Tschechow trotz der immer konkreter werdenden Kriegsbedrohung frei, um mit den Schauspielern zu arbeiten.

Im New York Theatre Studio wurde eine Serie von vierzehn Unterrichtsstunden abgehalten. Tschechow stellte den Teilnehmern die Grundsätze seiner Methode in einer intensiven Trainingsphase mit psycho-physischen Übungen vor, die dazu dienen sollten, die Darsteller körperlich und emotional zu befreien. Darauf folgten Improvisationen und schliesslich Szenen aus Stücken. All dieses Material, das von Tschechow lebhaft präsentiert wurde, war dazu gedacht, die schauspielerische Natur zu erwecken. Es gab Elemente von Performance und durchgehendem psychologischen Spiel seinerseits, welche für die Studierenden dramatisch wirksam und spannungsvoll waren. Obwohl er nur selten etwas demonstrierte, weil die Studierenden Dinge für sich selbst herausfinden sollten, erfuhren sie anschaulich die unterschiedlichen Farben und Nuancen, die seinen Unterricht prägten. Sein Enthusiasmus faszinierte und inspirierte sie.

Die Frage und Antwort-Form, die Tschechow bei seinem Unterricht mit professionellen Schauspielern benutzte, erwies sich als gleichermassen anregend und provokativ. Die Teilnehmenden wurden herausgefordert und blieben konzentriert, während Tschechows sehr origineller Ansatz für Theaterprobleme zu voller Geltung kam. Viele der Übungen wurden von Musik begleitet, gespielt von einem Pianisten/Komponisten. Dadurch kamen Rhythmus, Bewegung und Geste zum Tragen, die Tschechow faszinierten und grundlegend für seine Methode waren.

Als Tschechows Assistentin dokumentierte ich die gesamte Arbeit mittels stenographischer Notizen. Das transkribierte Material, aus dem die vorliegende Zusammenstellung besteht, vermittelt ein lebendiges Porträt eines hochbegabten Theaterkünstlers, der sich unter seinen Schauspieler-Studierenden bewegt und ständig frische und originelle Aspekte des Theaters präsentiert.

Körperlich war Michael Tschechow schmächtig und bewegte sich locker und entspannt, die Personifikation des «Gespürs für Leichtigkeit» und «Schwerelosigkeit», zu denen er seine Studierenden anregte. Diese Qualitäten wurden zügig auf sie übertragen, so dass ihre oft schwerfälligen Körper zu reagieren begannen, sich verwandelten und die gefühlsmässige Natur des Schauspielers freisetzten, die durch die bisherige rigide physische Form blockiert worden war. Für Tschechow stand das immer am Anfang des Grundlagen-Trainings für alte oder junge, ausgebildete oder erst beginnende Schauspieler: das Abwerfen physischer Begrenzungen, das den Gefühlen und Emotionen erlaubte, sich durch das Hauptinstrument des Schauspielers auszudrücken, seinen neuentdeckten flexiblen und schnell reagierenden Körper.

Tschechow hatte erstaunlich gut Englisch gelernt, was es ihm gestattete, den Studierenden seine originellen und fantasievollen Vorschläge zu unterbreiten. Das war nicht immer so gewesen. Ich erinnere mich an die erste Stunde, die er Beatrice Straight und mir 1935 in New York erteilte. Da stand er, eine elegante Erscheinung mit schwarzem Filzhut und Spazierstock, lächelte und war bereit, mit dem Unterricht zu beginnen, beherrschte aber lediglich vier englische Worte: «How do you do?», begleitet von einer leichten Verbeugung. Tamara Daykarhanova fungierte als Dolmetscherin, während ich diese allerersten Stunden in Stenoschrift protokollierte und nicht im Traum vermutet hätte, wie viele davon noch folgen würden. Wenig mehr als ein Jahr darauf stand Tschechow vor seiner ersten Klasse mit zwanzig Studierenden am Chekhov Theatre Studio auf Dartington Hall und gab völlig sicher, klar und gewandt Unterricht über «Die zukünftige Kultur und die Bedeutung der Technik». Er bezog sich auf eine brillante technische Demonstration bei einer Vorstellung von Uday Shankar und dessen Hindu-Ballett. Damit war das Studio feierlich eröffnet worden, sie hatte seine tiefe Bewunderung erregt und lieferte gleichzeitig ein Lehrbeispiel für die neuen Studierenden.

Michael Tschechow war ein warmherziger, mitfühlender Mensch. Er liebte seinen Beruf, der für ihn von geistiger Natur war. Er liebte seine Schauspieler und Studierenden und verbrachte sein Leben damit, für sie neue Wege zu erforschen, den Körper, die Stimme und die Imagination zu befreien und ihnen das Vertrauen in die eigene Fähigkeit zu geben, die Welt der schöpferischen Imagination zu betreten und darin zu leben. Von zentraler Bedeutung für Tschechow blieb die Suche nach immer tieferen und kreativeren Kräften. Er konnte fordernd und streng sein, aber das diente nur dazu, das Beste aus seinen Studierenden herauszuholen. Eine Unterrichtsstunde mit ihm war immer eine Offenbarung. Der Bereich der schöpferischen Imagination war Tschechows Heimat während seines gesamten künstlerischen Lebens, obwohl er auch die praktisch-geschäftlichen Aspekte des Theaters nicht vernachlässigte und sich gewissenhaft um sie kümmerte.

Tschechow griff zurück auf einen grossen Fundus an Wissen, dessen Grundlage die solide Ausbildung am Moskauer Künstlertheater und dessen erstem Studio unter seinem Mentor und Freund Stanislawski war und der später durch die Verbindung mit Max Reinhardt in Berlin und Wien sowie mit anderen herausragenden europäischen Ensembles und Künstlern erweitert wurde. All diese Ideen und Ideale gingen in seine Methode ein. Immer bestrebt, immer weiter suchend, hatte er den Mut abzuwerfen, was seinen Nutzen verloren hatte, und es mit frischen Einsichten zu ersetzen, so dass seine Methode nie langweilig oder didaktisch wurde. Das stand in wohltuendem Kontrast zum damals vorherrschenden über-analytischen Theateransatz. Von Reinhardt gibt es das Zitat: «Michael Tschechow ist ein Genie», und Stanislawski schrieb in Würdigung der Arbeit des jungen Tschechow am Ersten Studio: «Ein faszinierendes Talent. Eine unserer Hoffnungen für die Zukunft.» Heute bezeichnet man ihn in Russland, wo er nach mehr als fünf Jahrzehnten als Persona non grata rehabilitiert wurde, als «das schauspielerische Genie des Jahrhunderts».

Niemand, der mit Michael Tschechow gearbeitet hat, wird diese Erfahrung je vergessen. Durch die Wärme und Zuversicht, die er gegenüber den Studierenden ausstrahlte, wenn er den Unterrichtsraum betrat, um seine umwälzende Arbeit mit ihnen zu beginnen, verkörperte er das Überschreiten der Schwelle, das Gespür für Leichtigkeit, für Schönheit, Form und das Ganze, das Zentrum, den Archetyp, die psychologische Geste, den imaginären Körper, die Pause, Atmosphäre, den Kontakt, das durchgehende Spiel, Ausstrahlung, Inspiration und all die anderen schönen, subtilen Punkte seiner Methode, die in *Lektionen für den professionellen Schauspieler* vermittelt werden.

Dezember 1984, Westbury, N. Y.

Mel Gordon

EINLEITUNG

Schauspielunterricht ausserhalb des Theaters und unabhängig von einer spezifischen Produktion oder einem Ensemble ist eine erst im 20. Jahrhundert zu verzeichnende Anomalität. Abgesehen von dem Dutzend «Grosser», die völlig geheimnisvoll oder «intuitiv» arbeiteten, wurde man bis dahin zum professionellen Schauspieler, indem man bereits erfolgreiche Darsteller nachahmte. Um sein Handwerk zu erlernen, ging der Schauspielschüler wie jeder andere Auszubildende bei älteren Kollegen in die Lehre. Es fällt schwer, mehr als eine Handvoll Schulen zu benennen, die vor 1890 in Europa ausschliesslich auf das Theater vorbereiteten. Und selbst diese Akademien im Kleinen kamen kaum über blossen Unterricht zu Diktion und Haltung auf der Bühne hinaus. Im Grunde waren sie lediglich eine Art Pensionat mit etwas ästhetischer Prätention für höhere Töchter und Söhne aus gutem Haus. Trotz verdienstvoller Bemühungen von Reformern im 19. Jahrhundert wie François Delsarte, William Macready, Steele MacKaye und Richard Mansfield produzierten sie nur szenisches Kanonenfutter für die damaligen Stars und deren ganz auf sie selbst zugeschnittene Produktionen.

Das änderte sich jedoch an der Wende zum 20. Jahrhundert, als der Hunger nach Veränderung vor allem in der Spielweise zu wachsender Akzeptanz neuer Theaterformen führte. Plötzlich gab es eine Notwendigkeit innovativer Ausbildungsmethoden. Um Michael Tschechow und die einzigartige Qualität seiner Lektionen von 1941 verstehen zu können, ist es hilfreich, zunächst einen Blick auf seinen eigenen Hintergrund und seine Ausbildung bei Konstantin Stanislawski während dieser Pionierzeit der Lehrer-Schüler-Verhältnisse zu werfen.

Als er sich eigentlich als Regisseur im Triumph der Deutschlandtournee des Moskauer Künstlertheaters 1905 hätte sonnen können, war Stanislawski in eine tiefe Depression gefallen. Er wusste zwar, was er von sich und seinen Schauspielern erwartete, aber nicht, wie er es bekommen sollte. Ein wissenschaftliches System der Schauspielausbildung war vonnöten. Stanislawski gewann das Gefühl, er könne all das systematisieren und lehren, was er während Jahrzehnten mittels der hergebrachten Methode der Beobachtung und Nachahmung, durch philologische Recherche und Ausprobieren aufs Geratewohl auf der Bühne gelernt hatte. Selbst berühmte Akteure verschwendeten viele Jahre damit, sich die Grundlagen ihrer Kunst in einer oft undisziplinierten und amateurhaften Umgebung zu erarbeiten. Stanislawski gründete im Rahmen des Moskauer Künstlertheaters eine neue Schule in Laborform, das Erste Studio, um der verbreiteten Meinung zu begegnen, der Schauspielerberuf sei verbummelt und zufällig und nicht tiefschürfend und kreativ. An diesem Ersten Studio, wo sich eine moderne Analyse dessen etablierte, was den Schauspieler und seine Tätigkeit ausmacht, wurde Tschechow ausgebildet.

Das Künstlertheater und sein Erstes Studio waren nicht nur von enormer Anziehungskraft für die grössten Talente des Theaters im vorrevolutionären Russland – jedes Jahr wurden unter Tausenden von ernsthaften Bewerbern nur eine Handvoll aufgenommen –, sie produzierten auch ihre eigenen Fliehkräfte und Auflösungsprozesse. Sowohl Wladimir Nemirowitsch-Dantschenko, der Mitbegründer des Künstlertheaters, als auch Wsewolod Meyerhold, 1905 ein vielversprechender junger Schauspieler und Regisseur, entwickelten sich von Stanislawskis berühmtesten Anhängern zu verbitterten Rebellen. Und später bewegten sich die innovativsten Talente des Ersten Studios – Persönlichkeiten wie Leopold Sulershitzki, der von einer Art Mädchen für alles des Künstlertheaters unvermittelt zum Leiter des Studios befördert wurde, Jewgeni Wachtangow, Michael Tschechow und selbst Richard Boleslawski – oft weit aus dem Schatten der ästhetischen Theorien ihres Lehrers heraus. Die Beziehungen zwischen Stanislawski und seinen begabtesten Schülern schienen alle nach einem seltsamen Muster zu verlaufen: eine erste Phase persönlicher Loyalität und bedingungsloser Akzeptanz der Arbeit, ein heftiger Streit über ein Detail des Systems bei den Proben zu einer grossen Produktion, der Ausschluss aus Stanislawskis innerem Zirkel, die Versöhnung auf Initiative des Meisters selbst während einer hochdramatischen Krise (etwa dem langen Ringen Sulershitzkis und Wachtangows mit dem Tod) und schliesslich zehn bis fünfzehn Jahre später die Integration der Neuerungen der Kritiker in das System.

Michael Tschechows persönliche Beziehung zu Stanislawski durchlief ähnliche Höhen und Tiefen wie die seiner Mitschüler und erschien sogar von noch absurderen und intensiveren Komplikationen geprägt. Tschechow lebte länger als die anderen Rebellen, und seine grundsätzlichen Differenzen mit Stanislawski waren theatralisch extremer. So extrem, dass nur wenige Anhänger Tschechows oder Stanislawskis überhaupt nennenswerte Parallelen in ihrer jeweiligen Theorie und Praxis der Schauspielausbildung finden. Die Mitschriften aus den Probenräumen Stanislawskis und Tschechows offenbaren jedoch stärkere und gegenseitig aufgeschlossenere Verbindungen, als es ihre «offiziellen» Lehrbücher vermuten lassen.

Der 1891 in Sankt Petersburg als Sohn einer Familie aus der Mittelschicht geborene Michael Tschechow wurde sein Leben lang als der «Neffe Tschechows», des berühmten Dramatikers, bezeichnet. Obwohl diese Mischung aus Heiligenschein und Stigma Michael in dunklen Zeiten auch nutzte, vor allem zu Beginn seiner russischen Laufbahn und während der Wanderjahre im westlichen Exil, war ihre allgemeine Auswirkung eine psychologisch schädliche. Trotz seiner Bedenken wegen eventueller Vorwürfe der Vetternwirtschaft oder einer Rolle als Kuriosität auf Nebenschauplätzen schien es ihm nie in den Sinn zu kommen, einfach seinen Namen zu ändern, wie etwa Stanislawski es getan hatte. Wie andere Schwierigkeiten in seinem Leben betrachtete Tschechow diese familiäre Tatsache als ein symbolisches Hindernis, das akzeptiert und künstlerisch fruchtbar gemacht werden musste, und nicht als objektives Problem, das man überwinden oder vermeiden konnte.

Tschechow wurde 1909 als junger Charakterdarsteller des Maly Theaters von Stanislawski eingeladen, sich dem Künstlertheater anzuschliessen. Angeleitet von Stanislawskis Vorzeigeschüler Wachtangow trat er in kleinen Rollen in verschiedenen Produktionen des Künstlertheaters auf, auch in Edward Gordon Craigs *Hamlet*. Während einer Vorstellung von *Der eingebildete Kranke* warf Stanislawski dem jungen Tschechow vor, «zu viel Spass am Spielen seiner Rolle» zu haben. Obwohl er beteuerte, voll und ganz an Stanislawskis System zu glauben, geriet Tschechow von Anfang an in Schwierigkeiten.

1913 erregte er ziemliches Aufsehen, als Boleslawski ihn in der «Test-Inszenierung» des Ersten Studios besetzte, Herman Heijermans' Fischerdrama *Hoffnung auf Segen*. Die Nebenrolle des debilen Fischers Kobe machte er zu einer anrührenden und poetischen Figur, indem er sie nicht platt komisch spielte, sondern durch Maske und Bewegungen als aufrichtigen und morbiden Wahrheitssucher neu interpretierte. Auf den Vorwurf, das entspreche nicht der Vorstellung des holländischen Dramatikers, entgegnete Tschechow, er sei über den Autor und sein Stück hinausgegangen, um den wahren Charakter Kobes zu finden.

Die Vorstellung, ein Schauspieler könne «über den Dramatiker oder das Stück hinausgehen», ist der erste Schlüssel zum Verständnis von Tschechows Methode und ihrem Unterschied zu Stanislawskis frühen Theorien. 1928 beschrieb er in seiner Autobiographie eine vor seiner Zeit beim Künstlertheater liegende Entdeckung, die seine neuartige Figurengestaltung beeinflusste: «Die meisterhaften Inszenierungen B. S. Glagolins machten einen unauslöschlichen Eindruck auf mich. Als ich ihn als Chlestakow [in Gogols *Der Revisor* 1910 am Maly Theater] sah, veränderte dies mein Denken völlig. Es wurde mir klar, dass Glagolin den Chlestakow *anders als alle anderen* spielte, obwohl ich noch gar niemanden sonst in der Rolle gesehen hatte. Und auch bei mir selbst stellte sich diese Sehnsucht ein, anders als alle anderen zu werden.» Tschechow war also wie Stanislawski auf der Suche nach neuen konzeptionellen Ansätzen für seine Figuren, die sich absetzten von der Nachahmung erfolgreicher Darsteller und anderen gängigen Klischees. Während Stanislawski die «Wahrheit» seiner Bühnenpersönlichkeiten in Darstellungen auf der Grundlage tatsächlichen menschlichen Verhaltens fand, suchte Tschechow nach einer grösseren und fantasievolleren Gefühlstiefe mittels des Einsatzes seiner Imagination und Intuition.

Es besteht kein Zweifel, dass Stanislawski und andere Tschechows Ergebnisse schätzten – Stanislawski bezeichnete ihn bereits früh als seinen «brillantesten Schüler» –, und vor und nach der Revolution hatte er in Russland zehntausende Fans. Was die Vertreter des Künstlertheaters jedoch irritierte, war Tschechows unberechenbare Art, eine Figur zu erschaffen. Dieser theatralische Konflikt wird durch eine anekdotische Geschichte verdeutlicht. Als Stanislawski ihn bei einer der Übungen zum emotionalen Gedächtnis aufforderte, eine wahrhaftige Situation zu spielen, zeigte Tschechow seine trauernde Anwesenheit beim Begräbnis seines Vaters. Überwältigt von den neuartigen Details und der emotionalen Wahrheit umarmte Stanislawski Michael in der Annahme, es handele sich um einen weiteren Beleg schauspielerischer Kraft durch das emotionale Gedächtnis. Leider fand Stanislawski später heraus, dass Tschechows kranker Vater immer noch am Leben und seine Darstellung das Resultat einer fieberhaften Vorwegnahme war. Wieder einmal abgemahnt, wurde Tschechow wegen «überhitzter Vorstellungskraft» aus der Klasse geworfen.

Zwischen 1913 und 1923 trat Tschechow in zwölf Inszenierungen des Künstlertheaters oder in freien Produktionen auf, gewöhnlich in Hauptrollen oder wichtigen Nebenrollen. Trotz depressiver Schübe nach dem Tod von Familienangehörigen oder durch die Kriegshysterie, Revolution und den Alkohol wuchs seine Reputation als Schauspieler und später als unabhängiger Theoretiker des Theaters kräftig. Die beiden ersten Jahre nach dem Sieg der Bolschewiken 1918 und 1919 waren entscheidend für Tschechows geistige und künstlerische Entwicklung. Der zu Besuch weilende amerikanische Kritiker Oliver Sayler erlebte ihn als ein «hageres, grüblerisches Wesen, niedergedrückt durch die russischen Sorgen», als er in der *Was ihr wollt*-Inszenierung des Ersten Studios den Malvolio nicht mehr weiterspielen konnte, den er im typisch kontrastreichen Tschechow-Stil angelegt hatte: zartes, lyrisches Empfinden einerseits, zahlreiche Belege grotesker Erotik andererseits. Innerhalb von Monaten entwickelte Tschechow einen akuten Verfolgungswahn und glaubte, er könne weit entfernte Gespräche hören und «sehen». Selbstmordgedanken und der Tod seiner Mutter lähmten ihn. Im Frühjahr 1918 fiel seine Kernfamilie auseinander. Seine Frau Olga liess sich von ihm scheiden und nahm die neugeborene Tochter mit. Stanislawski veranlasste, dass ein ganzes Team von Psychiatern seinen schwierigen, aber immer noch bevorzugten Schüler untersuchte. Schliesslich unterzog Tschechow sich einer Serie hypnotischer Behandlungen. Diese setzten seinen schlimmsten psychologischen Aussetzern ein Ende, es überkamen ihn aber immer noch unkontrollierbare Lachanfälle.

Tschechows psychische Verfassung besserte sich weniger durch die fortschrittlichen Therapien von Stanislawskis Ärzten als durch seine Entdeckung der hinduistischen Philosophie und etwas später Rudolf Steiners Anthroposophie. Seine leidenschaftliche Auseinandersetzung mit Steiners spirituellen Theorien füllte eine gefährliche Leere in Tschechows kreativer Welt, indem sie ein bisher verschüttetes Gefühlsleben freisetzte. Plötzlich nahm er an, seine enervierende Willensschwäche sei das Resultat einer geistigen Krise und beruhe nicht auf dem chemischen Ungleichgewicht eines überarbeiteten Schauspielers. Tschechow kam zu der Auffassung, der ungewöhnliche Zeitpunkt seines Zusammenbruchs auf dem Höhepunkt seiner Karriere sei eigentlich das stumme Aufbegehren seiner Seele gegen das, was aus ihm als Schauspieler geworden war: ein bösartiges Vehikel für trunkenen Egoismus. In vielfacher Hinsicht ähnelte Tschechow 1919 dem Stanislawski von 1905. Auch er war «hochgelobt, aber unglücklich». Beide sehnten sich nach einem besseren System der Schauspielausbildung, aber Tschechow suchte auch nach einem besseren Schauspielstil, einem, der eine umfassendere und tiefere Komponente enthielt, die mehr der fröhlichen Spiritualität der klassischen Griechen ähnelte als dem kleinlichen Kommerz und der engstirnigen Politik im damaligen Russland.

Die praktische Arbeit der Anthroposophen zur Sprachentwicklung (eine Art Vokalsymbolik) und die dem modernen Tanz ähnelnde Eurythmie (die als «Wissenschaft der sichtbar gemachten Sprache» bezeichnet wurde) beeindruckten Tschechow sehr. Wie die Mantras und Yogas im Hinduismus und Buddhismus offerierten Steiners körperliche Übungen seinen Schülern eine ausgeklügelte und klar umrissene Ventilfunktion. Darüber hinaus erreichten Vorstellungen, welche die Eurythmie einsetzten – sei es in Tanzform oder bei Steiners Mysterienstücken – grosse Besucherzahlen in den anthroposophischen Zentren in Deutschland und der Schweiz. Obwohl Tschechow Steiner erst 1922 während einer Mitteleuropatournee persönlich kennenlernte, unterhielt er häufige und produktive Kontakte mit russischen anthroposophischen Gruppierungen. Ihr Einfluss auf Tschechows Ideen für ein zukünftiges und besseres Theater war durchaus beträchtlich.

Es wurde zu Tschechows Obsession, die innere Wahrheit und emotionale Tiefe von Stanislawskis System mit der Schönheit und der spirituellen Wirkung von Steiners Arbeit zu verbinden. 1920 eröffnete er sein eigenes Studio im Moskauer Stadtteil Arbat. Es war der erste von mehreren Versuchen, seinen einzigartigen Schauspielstil zu vermitteln. Aber wie immer zwangen ihn finanzielle Engpässe zurück auf die Bühne. Anfang 1921 spielte Tschechow die Titelrolle in Wachtangows düsterer, proto-expressionistischer Inszenierung von Strindbergs *Erik XIV.* Als junger, aber ohnmächtiger König an einem korrupten Hof entdeckte Tschechow das Wesen seiner Rolle, indem er eine Handvoll erstaunlicher Bilder internalisierte. Angeregt von den Prinzipien der Eurythmie «fand» Tschechow seine Rolle durch das Experimentieren mit der Form und Qualität der Bewegungen der Figur bis hin zu Änderungen seines Körperumfangs. Erst wenn er die Figur «sah», konnte Tschechow damit beginnen, die Rolle zu verkörpern bzw. zu verinnerlichen. Parallel zu *Erik XIV.* probte Tschechow in Stanislawskis Regie den *Revisor.* Seine Interpretation des Chlestakow war so ungewöhnlich und unterschied sich körperlich so extrem von seinem normalen Aussehen, dass der schockierte Wachtangow Stanislawski bei der Premiere zuflüsterte: «Das kann doch nicht derselbe Mann sein, den wir jeden Morgen im Studio sehen!» Wieder einmal war er *anders als alle anderen.*

1924 belohnte Stanislawski Tschechow nach Wachtangows Tod und der gefeierten Tournee des Künstlertheaters durch Westeuropa und die USA mit der Leitung seines eigenen Theaters, des Zweiten Moskauer Künstlertheaters. Von anderen Sorgen befreit, begann Tschechow ernsthaft zu experimentieren. Auf dem prall gefüllten Stundenplan standen Übungen zu rhythmischer Bewegung und telepathischer Kommunikation. Bei der Vorbereitung für einen umstrittenen *Hamlet* lehrte Tschechow seine Schauspieler, Shakespeares Sprache wie ein physisches Objekt zu behandeln, und liess sie Bälle hin und herwerfen, während sie ihren Text probten. Als Grundlage einer Rolle durften weder die Persönlichkeit des Darstellers noch Bühnenklischees seitens des Regisseurs oder des Autors dienen. Tschechow sprach davon, den Archetyp zu finden oder das «korrekte» Bild für die Figur – so wie Platons Schatten geduldig darauf warten, entdeckt zu werden. Obwohl er mehr wie ein Hauptdarsteller als wie ein Intendant wirkte, stiess Tschechows Ansatz bald auf heftige Kritik. Als er 1927 als «Idealist» und Mystiker denunziert wurde, verliessen Alexei Diki und sechzehn weitere Darsteller das Zweite Künstlertheater. Unmittelbar nach dieser Abwanderung beschimpften führende Moskauer Zeitungen Tschechow als einen «krankhaften Künstler» und seine Inszenierungen als «fremdartig und reaktionär».

Max Reinhardt lud ihn für das folgende Frühjahr nach Berlin ein, wo für Tschechow eine zweite Phase seiner Karriere begann, eine Reihe von «Wanderjahren» durch Mittel-, West- und Osteuropa im freiwilligen Exil. Über sieben zumeist enttäuschende Jahre verfolgte er sein lebenslanges Ziel, eine eigene Truppe zu gründen und eine eigene Methode der Schauspielausbildung zu entwickeln. In Österreich und in Berlin spielte Tschechow Hauptrollen in deutschsprachigen Stücken und in Stummfilmen. Nach monatelangen Verhandlungen organisierte er 1931 ein russischsprachiges Theater in Paris, aber die nötige finanzielle Unterstützung kam nie zustande. Schliesslich gründete er mit der Hilfe der jungen Reinhardt-Schülerin Georgette Boner Studios in Paris und im Jahr darauf in den unabhängigen Republiken Lettland und Litauen. Doch die Gefahr eines Krieges und eines faschistischen Staatsstreichs im Baltikum brachte Tschechow zunächst zurück nach Westeuropa und dann auf Einladung Sol Huroks in die USA.

Tschechow erfüllte zwei schwierige Aufgaben, als er im Frühjahr 1935 als Leiter der «Moscow Art Players» an den Broadway kam: Seine russischsprachigen Produktionen überzeugten die Theater-Insider auf Anhieb, und er fand endlich mit Beatrice Straight eine einfühlsame und begabte Förderin. Mit ihrer Freundin Deirdre Hurst (bald Tschechows Sekretärin), brachte Straight Tschechow auf den Landsitz ihrer Familie in Devonshire, Dartington Hall. Dort legte er die Grundlagen eines neuen Theaters in der Nachbarschaft zu experimentellen landwirtschaftlichen und handwerklichen Projekten. Im Rahmen der 1925 auf Dartington Hall von Straights Stiefvater und ihrer Mutter, Leonard und Dorothy Elmhirst, begründeten alternativen Gemeinschaft rekrutierte das Trio Hurst, Straight und Tschechow Dozierende und Studierende zur Vermittlung der tschechowschen Methode. Zwei Dutzend junger Schauspieler aus den USA, England, Kanada, Australien, Neuseeland, Deutschland, Österreich, Norwegen und Litauen waren die ersten Beteiligten an der Verwirklichung des von Tschechow seit einem Vierteljahrhundert gehegten Traumes.

Die Atmosphären, die Aufwachübungen, das Zentrieren, die Einverleibung, die psychologische Geste, die Ausstrahlung – fast das gesamte Pantheon der tschechowschen Methode wurde in Dartington entwickelt. Obwohl es später in Ridgefield, Connecticut, New York und Hollywood noch zu Korrekturen und Änderungen kam, war Tschechows grundlegendes Vokabular bereits in seinem zweiten Semester 1937-38 in Dartington ausformuliert. Die dortige Ausbildung war umfassend und wohl durchdacht und dauerte zwei volle Jahre. Dabei war die Stimmung bei den Lehrenden und den Schülern bestens und gekennzeichnet von beträchtlichen künstlerischen Ambitionen. Aber der absehbare Krieg zwischen Grossbritannien und Deutschland führte 1939 zum Umzug des Chekhov Theatre Studio auf die andere Seite des Atlantiks ins ländliche Connecticut.

Das Studio in Ridgefield ähnelte Dartington in gewisser Weise, die Nähe zu New York veränderte jedoch Tschechows Denkweise über seine Schule und deren Unterricht. Zunächst einmal liess er sich von dem befreundeten Regisseur George Shdanoff dazu überreden, eine grosse Broadway-Produktion herauszubringen – die wenig erfolgreichen *Dämonen* nach Dostojewskis Meisterwerk. Zweitens begann Tschechow über die Einrichtung von Kursen für gestandene Schauspieler nachzudenken. Trotz dreier hochgelobter und überaus ambitionierter Tourneen des Chekhov Theatre Studio ausserhalb von New

York City durch New England, den Mittleren Westen und den tiefen Süden zwischen 1940 und 1942 belasteten Tschechow das isolierte Broadway-Debakel und diverse Schwierigkeiten in Ridgefield psychisch sehr.

Im Herbst 1941 eröffnete das Chekhov Theatre in der 56. Strasse ein New Yorker Studio. Der Umzug nach Manhattan brachte Tschechow an einen kritischen Punkt seiner langen und unvorhersehbaren Karriere. Es war mehr als ein Jahrzehnt her, dass die Moskauer und Berliner Kritiker Loblieder auf ihn gesungen hatten, und Tschechows Ruhm als Charakterdarsteller in Hollywood und als Lehrer sollte noch vier oder fünf Jahre auf sich warten lassen. Zusätzlich zum Unterricht in der Tschechow-Methode (durch Tschechow selbst, George Shdanoff, Alan Harkness, Beatrice Straight und Deirdre Hurst) wurden ein ausgiebiger Lehrplan in Sprecherziehung (Steiners Sprachentwicklung durch Ann Veith Greenley), Eurythmie (Ruth Pusch), Musik, Chorgesang, Fechten, Gymnastik (H. L. Pusch) und Maskenbildnerei angeboten. Die zweistündigen Kurse alle zwei Wochen für professionelle Schauspieler lagen Tschechow jedoch besonders am Herzen. Mit ihnen erhoffte er, alle Merkmale seiner Technik zusammenfassen und perfektionieren zu können.

Es konnte nicht weiter überraschen, dass sich zahlreiche Mitarbeiter des kurz vorher aufgelösten Group Theatre in Tschechows Kurs für Profis einfanden. Nicht umsonst hatte er bei den Schauspielern des Group Theatre 1935 seine grösste Wirkung erzielt. Stella Adler, Morris Carnovsky, Bobby Lewis, Sandy Meisner und andere übernahmen grundlegende szenische Ideen und Übungen aus Tschechows Vorführungen und Workshops. Für viele Mitglieder des Group Theatre war Tschechow ein Referenzpunkt, der für ein einfallsreiches Training stand, das sich völlig von Lee Strasbergs Verständnis Stanislawskis und Wachtangows unterschied. Indirekt bot Tschechow das stärkste intellektuelle Gegengewicht zu Strasbergs viel kritisierter Methode.

Obwohl die Unterschiede zwischen den Techniken Stanislawskis, Tschechows und Strasbergs klar zutage liegen, stimmen sie in einem stark überein: im Versuch, eine frische Form der Darstellung zu erzeugen, die von durchdringender emotionaler Tiefe und einem Gespür für Wahrhaftigkeit geprägt ist. Wie Stanislawski behauptete: Ein begabter Darsteller, der sein System benutzt, mag auf der Bühne nicht besser aussehen als ein ähnlich begabter, unausgebildeter Schauspieler, aber die durch seine emotionale Wahrhaftigkeit hervorgerufenen Wirkungen des Stanislawski-Darstellers werden dem Publikum länger im Gedächtnis bleiben. Zum grossen Teil bestehen die Unterschiede zwischen den drei Methoden nicht unbedingt in der szenischen Umsetzung (alle drei Lehrer schätzten etwa das Kabuki-Theater), sondern eher in der Sprache und im Prozess.

Tschechow versuchte, ein Vokabular zu verwenden, das den Schauspieler direkt von seinem Intellekt und seiner Phantasie her ansprach. Die meisten Regisseure und Lehrer, und das gilt auch für Stanislawski und Strasberg, teilen dem Darsteller in abstrakten Begriffen mit, was sie von ihm wollen. Dadurch setzt dieser jede Anweisung so um, wie es seinem Gehirn und seiner Muskulatur entspricht. So führt etwa die verbreitete Anweisung, sich zu entspannen, oft zu Nebenreaktionen im Denken eines Schauspielers: «Obwohl ich mich entspannt fühle, ist ein Teil meines Körpers angespannt. Ich muss erst einmal herausfinden, welcher, also fange ich mit den Schultern an ...» Die Tschechow-Methode arbeitet dagegen hauptsächlich mit Bildern, vor allem mit intuitiven, die die meisten verkrampften Reaktionen unterbinden. Statt dem Schauspieler zu sagen, er solle sich entspannen, forderte Tschechow ihn auf: «Gehen

Sie (oder sitzen Sie oder stehen Sie) mit einem Gespür für Leichtigkeit.» Von einem schlaffen Akteur, der einen stolzen Adligen spielte, verlangte er nicht: «Setzen Sie sich aufrecht.» Tschechow sagte ihm, er solle seinen Körper «in die Höhe erdenken». Die Unterschiede zwischen Tschechows Begrifflichkeit und der seiner Kollegen mögen für einen Nichtschauspieler belanglos wirken, für Tschechow und seine Anhänger waren sie aber von zentraler Bedeutung, da sie für ein tiefes technisches Verständnis des Intellekts und des Bewusstseins der Darsteller standen.

Viele von Tschechows Übungen fielen in bestimmte, klar unterschiedene Kategorien. Manche waren von einer Atmosphäre der Leichtigkeit und geradezu von einer «Party»-Stimmung geprägt. Das war grösstenteils bewusst eingesetzt. Um «neue» Bereiche des Bewusstseins zu erschliessen, liess Tschechow den Unterricht zum Vergnügen werden. Ist die Arbeit eine kindliche und risikofreie, greifen die innerlichen Zensurprozesse nicht mehr, welche die Schauspieler daran hindern, neue Ideen und Rollen zu erproben, weil sie Angst haben, «dumm oder lächerlich zu erscheinen». Tschechow gestaltete auch Blöcke von Übungen, die bei seinen Studierenden einen Schub an freudiger Erregung und Energie hervorriefen. Für ihn war der Verlust an geistiger Energie oder Enthusiasmus eines der grössten Hindernisse bei der Figurenfindung, und er bestand auf «dem Gespür für Lebendigkeit auf der Bühne».

Mehr als alles andere wird Tschechows Arbeit mit dem Einsatz der Imagination in Verbindung gebracht. Da die Stärke des Theaters darin liegt, mittels Bildern zu kommunizieren und weniger mittels literarischer Konzepte, versuchte Tschechow die dafür angemessenen Methoden der Ausbildung zu entwickeln. Seine Improvisationen vermittelten die Vorstellung, der szenische Raum könne einen besonderen, geradezu magischen Charakter besitzen und erfüllt sein von explosiven und berauschenden Atmosphären. Während Strasbergs Übungen zum emotionalen Gedächtnis auf dem gefühlsmässigen Wiederaufrufen eines tatsächlichen Ereignisses beruhten, das dann für einen ähnlichen Vorfall im Text einstehen sollte, schulte Tschechow seine Studierenden darin, imaginäre, äusserliche Anregungen zur Erhitzung ihrer Emotionen zu finden. Tschechow glaubte beispielsweise daran, man müsse sich lediglich die Atmosphäre einer riesigen gotischen Kathedrale vorstellen und sie nachempfinden, um ein echtes Gefühl der Ehrfurcht oder der Verwunderung zu haben. Selbst bekannt für seine detaillierten und ungewöhnlichen Interpretationen, verwendete Tschechow auch im Studio grosse Aufmerksamkeit auf die Figurenentwicklung. Oft das fehlende Glied bei modernen Schauspieltechniken, brach Tschechow die Rollenanlage auf präzise Schritte herunter: das Finden des Zentrums der Figur, die Vorstellung ihrer Körperlichkeit, die Entdeckung der psychologischen Geste usw.

Die Transkriptionen Deirdre Hurst du Preys von 1941 vermitteln dem Leser einen der komplettesten Eindrücke von Tschechow als Lehrer und Schauspieler. Im Gegensatz zu seinem *To the Actor* von 1953 oder dem 1963 veröffentlichten *To the Director and Playwright*, das seltsamerweise «von Charles Leonard zusammengestellt und verfasst» wurde, zeigen die *Lektionen für den professionellen Schauspieler* Tschechow von seiner natürlichsten und lebendigsten Seite: vor tatsächlichen Darstellern in einer theaterähnlichen Umgebung. Nur leicht redigiert auf der Grundlage von du Preys ursprünglicher Mitschrift, erreichen Tschechows Worte uns, seine «zukünftigen Schauspieler», und appellieren an die rastlosen Zonen unseres Denkens, die Kunst machen müssen. Tschechow gelingt das mühelos, indem er seine beiden besten Waffen einsetzt: die Wahrheit und die Imagination.

***

Die letzten dreizehn Jahre seines Lebens verbrachte Tschechow in Kalifornien. Er begann seine Hollywood-Karriere als Charakterdarsteller in *Song of Russia* (1943), einer idealisierenden, prostalinistischen Darstellung des Lebens auf einer Kolchose. In diesem Film aus den Kriegsjahren agierte Tschechow neben Leo Bulgakow und Vladimir Sokoloff, seinen Konkurrenten unter den russischen Lehrern in Los Angeles. Tschechow befürchtete, in amerikanischen Filmen ein «Kasper mit Akzent» zu werden, überzeugte aber in derartigen Rollen und spielte Nebenfiguren in einer Vielzahl von Komödien und Film Noir-Streifen. Er erhielt sogar eine Oscar-Nominierung als bester Nebendarsteller in Alfred Hitchcocks *Ich kämpfe um dich* (*Spellbound*, 1945).

1944/45 erteilte Tschechow alle vierzehn Tage Unterricht in einem Studio in der Innenstadt. Genau zur gleichen Zeit brachte Morris Carnovsky George Shdanoff und Benjamin Zemach als Dozenten in der «Michael-Tschechow-Technik» zum linksorientierten Actors Laboratory in Hollywood. Die beiden Neuankömmlinge und Carnovsky unterrichteten idiosynkratische Versionen des Originals – schnellgestrickte Kombinationen aus Tschechows Theorien zur inneren Visualisierung und zum imaginären Körper. Die Schauspieler wurden angewiesen, kitschige Sentimentalität zu vermeiden und deutlich zu artikulieren. Sie sollten sich auf der Bühne Zeit lassen und selbstbewusst bewegen. Das stand komplett im Gegensatz zu ihrer bisherigen Method-Ausbildung.

Auf Empfehlung Stella Adlers wurde Tschechow selbst ins Actors Lab eingeladen. Er fing dort im Oktober 1946 an, *Der*

Revisor zu proben. Die meisten der älteren Mitglieder des Lab empfanden seine Art, Regie zu führen, als autokratisch à la Max Reinhardt und seltsam mystifizierend. Die vordergründigen *Tableaux vivants* der Inszenierung überzeugten weder die Kritiker noch die Darsteller, die an einen langsameren, persönlicheren und organischeren Arbeitsprozess gewöhnt waren. *Der Revisor* blieb Tschechows letzte Inszenierung.

Antikommunistische Hysterie führte 1950 zum völligen Zusammenbruch des Actors Lab. Shdanoff und seine Frau begannen, in ihrer Wohnung in West Hollywood Stunden für junge Filmschauspieler zu geben. Das sprach sich in der Szene schnell herum und wurde ein erfolgreiches Geschäftsmodell. Selbst Profis wie Lilli Palmer und Rex Harrison schworen auf das mitteleuropäische Knowhow des Paares. (Patricia Neal fand es gar nicht komisch, wenn Gary Cooper sie öfter hänselte: «Jetzt spielst du wieder Doktor Stroganoff.») Shdanoff erteilte drei Jahrzehnte lang informelle Meisterklassen in seiner gemischten Tschechow-Shdanoff Methode. 1974 eröffnete er dann eine Schule mit Nachwuchslehrern, für die unter dem Namen George Shdanoff Acting Training Center geworben wurde.

Zwischen seinen Filmengagements unterrichtete Tschechow Anfang der 1950er-Jahre privat viele junge Schauspieler, darunter Lloyd Bridges, Leslie Caron, Marilyn Monroe, Jack Palance und Anthony Quinn, und lehrte mit Akim Tamiroff an der Stage Society. Nach Erscheinen seines Buches *To the Actor* gab Tschechow in seinem Wohnzimmer Stunden für ausgewählte Profis. Dabei ermutigte er seine Schar von Filmschauspielern, ihr höheres Selbst zu dramatisieren und das Kameraobjektiv als mysteriösen Schleier zu betrachten, den es zu durchdringen gelte. Wenn sie anfingen, Dinge zu erklären oder sich argumentativ zu verteidigen, unterbrach er sie umgehend: «Nicht darüber nachdenken. Nicht darüber reden. Es einfach machen!»

In den Jahrzehnten nach Tschechows Tod 1955 lehrten einige seiner Lieblingsschüler wie Mala Powers und Hurd Hatfield in Kalifornien zeitweise die Michael-Tschechow-Technik. Der Unterricht war sporadisch, hochindividualisiert und von persönlicher Nostalgie gekennzeichnet. Die meisten Teilnehmer kamen aufgrund der Lektüre von *To the Actor* zu den Stunden.

1980 eröffnete Beatrice Straight ein neues Michael Chekhov Studio im Zentrum von Manhattan. Dieses zehn Jahre währende Projekt brachte viele Veteranen des Dartington Studios als Dozierende wieder zusammen: Blair Cutting, Felicity Mason, Deirdre Hurst du Prey und Eleanor Faison sowie Joanna Merlin, die bei Tschechow in Hollywood studiert hatte. Die Schule offerierte Studierenden der New York University tagsüber Unterricht in den Grundlagen der Tschechow-Technik und abends Stunden für Profis. Darüber hinaus wurden jedes Jahr mehrere öffentliche Veranstaltungen zu Michael Tschechow organisiert. Ab 1983 gab es ein rigoroses Ausbildungsprogramm für zukünftige Dozenten, und drei Mitglieder des Studios, Mel Gordon, Ted Pugh und Wyatt Sims, wurden formell dazu ermächtigt, die Technik zu unterrichten.

Durch die Veröffentlichung von *Lektionen für den professionellen Schauspieler* und *On the Technique of Acting* (die ursprüngliche Version von *To the Actor*) zog das Michael Chekhov Studio viele Studierende an und zählte zu den renommiertesten Schauspielschulen New Yorks. Leider musste das Manhattan Studio aus finanziellen Gründen geschlossen werden, gerade als es in der Sowjetunion zur Perestroika kam und zu einer starken Zunahme des Interesses an Michael Tschechow in Russland und dem übrigen Europa.

1999 gründeten Joanna Merlin, Ted Pugh, Lisa Dalton und Mala Powers eine gemeinnützige Michael-Tschechow-Einrichtung unter dem Namen MICHA (Michael Chekhov Association). Unter ihren Vorstandsmitgliedern und Lehrenden waren Absolventen des Studios wie Fern Sloan und Lenard Petit sowie auch Gastdozenten aus dem Ausland: Sarah Kane (Grossbritannien), Slava Kokorin (Russland), Ulrich Meyer-Horsch (Deutschland) und David Zinder (Israel). MICHA bot eine Reihe von lokalen Workshops und Kursen in Nordamerika und Europa an. Dalton gründete später mit Powers in Fort Worth, Texas, ihre eigene National Michael Chekhov Association.

Inzwischen kann man Michael Tschechows Arbeit auf DVD und auf YouTube sehen. 2002 wurde mit *From Russia to Hollywood* ein lange erwarteter Dokumentarfilm über Tschechow und Shdanoff fertiggestellt und herausgebracht. Noch wichtiger war 2007 das Erscheinen von sechseinhalb Stunden an MICHA-Sitzungen, *Master Classes in the Michael Chekhov Technique.* Mit jeder neuen Veröffentlichung, jedem digitalen Dokument und jeder Live-Demonstration stellt die Tschechow-Technik ihre Aktualität unter Beweis, genau ein Jahrhundert nach ihren so heroischen wie unwahrscheinlichen Anfängen.

New York 1984 und San Francisco 2013

Liste der Teilnehmer

Jack Arnold	November 1941 – Januar 1942	Broadway
John Berry	November 1941 – Januar 1942	
Phoebe Brand	November 1941 – Februar 1942	Group Theatre
Phil Brown	November 1941 – Januar 1942	
Donald Buka	November 1941 – Januar 1942	Broadway
Rosalind Carter	November 1941 – Februar 1942	Broadway
Morris Carnovsky	November 1941 – Dezember 1941	Group Theatre
Bert Conway	November 1941 – Januar 1942	Group Theatre
Curt Conway	November 1941 – Februar 1942	Group Theatre
Phil Conway	November 1941 – Januar 1942	Group Theatre
Olive Deering	November 1941 – Dezember 1941	Federal Theatre
Rosalind Fradkin	Dezember 1941 – März 1942	Vassar Theatre
Arthur Franz	Dezember 1941 – März 1942	Broadway
Peter Frye	November 1941 – Januar 1942	Group Theatre
Fred Herrick	Dezember 1941 – Februar 1942	Broadway
Mary Hunter	November 1941 – Januar 1942	American Actors Co.
Leon Janney	November 1941 – Januar 1942	Radio
Timothy Kearse	November 1941 – März 1942	Broadway
Marian Kopp	November 1941 – Januar 1942	
Catheryn Laughlin	November 1941 – Dezember 1941	Group Theatre
Eleanor Lynn	November 1941 – Januar 1942	Group Theatre
Anna Minot	Dezember 1941 – Februar/Juni 1942	
Martha Picken	November 1941 – März 1942	Broadway
Martin Ritt	Februar 1942 – Juni 1942	Group Theatre
Alfred Ryder	November 1941 – Januar 1942	Group Theatre
Michael Strong	November 1941 – Januar 1942	Broadway
Paula Strasberg	November 1941 – Dezember 1941	Group Theatre
Shea Thelma	November 1941 – Januar 1942	Broadway
Tamara	November 1941 – Januar 1942	Group Theatre
Perry Wilson	November 1941 – Januar 1942	
Lynn Whitney	November 1941 – Januar 1942	
Elizabeth Zemach	November 1941 – Januar 1942	

Erste Unterrichtsstunde

Warum benötigt das heutige Theater eine Methode?

7. November 1941

DIE NOTWENDIGKEIT EINER SCHAUSPIELTECHNIK

Heute werde ich eine Art Einführung liefern und zumeist allgemeine Dinge ansprechen. Fragen wir zum Einstieg, warum das Theater eine «Methode» benötigt. Es scheint ja, dass es auch ohne die damit verbundenen Schwierigkeiten ganz gut auskommt. Natürlich kann und wird das noch lange so weitergehen, aber ich denke doch, dass ein Punkt kommt, an dem jedem von uns etwas unwohl wird, einfach deshalb, weil unserem Beruf eine Technik fehlt. Entschuldigen Sie, wenn ich in Bezug auf unseren Beruf verletzende Dinge sage, aber ich muss Ihnen gegenüber ehrlich aussprechen, was ich über das Theater fühle, und vielleicht verzeihen Sie mir das ja, weil ich ein Schauspieler bin und mich deshalb genauso sehr selbst verletze wie Sie.

Irgendwann wird uns klar werden, dass unser Beruf der einzige ohne eine Technik ist. Ein Maler muss eine entwickeln, ein Musiker, ein Tänzer, jeder Künstler, aber irgendwie werden wir Schauspieler allein gelassen. Wir spielen, weil wir spielen wollen, und wir tun das einfach so. Irgendetwas kann da nicht stimmen.

Dieses schmerzliche Bewusstsein, dass unser Beruf keine Technik besitzt, machte mich so unglücklich, dass ich mich fragte, welche Technik es denn sein könnte. Und dabei wurde mir klar, dass unser Beruf schwieriger ist als jeder andere, weil wir nur über ein Instrument verfügen, dem Publikum unsere Gefühle zu vermitteln, unsere Emotionen, unsere Ideen: den eigenen Körper. Das ist eine erschreckende Tatsache.

DER KÖRPER DES SCHAUSPIELERS ALS INSTRUMENT

Diesen Körper benutze ich für alles in meinem täglichen Leben, genau wie ich meine Stimme benutze, zum Streiten, zum Lieben oder um meine Gleichgültigkeit zu bekunden. Es ist seltsam, sich einzugestehen, dass man dem Publikum nur sich selbst zeigen kann. Mir fiel es schwer zu rechtfertigen, jeden Abend meinen vom Leben schwer malträtierten Körper als etwas Neues, Interessantes und Attraktives vorzuführen. Meinen eigenen Körper, meine eigenen Emotionen, meine eigene Stimme... ich habe nichts anderes als mich selbst.

Dann wurde mir klar: Wenn der Schauspieler über kein Musikinstrument, keinen Pinsel und keine Farbe verfügt, muss er eine besondere Technik haben, die er nur in sich selbst finden kann. Wenn wir diese Technik finden oder zumindest einen Weg zu diesem verborgenen, geheimnisvollen Ding in uns, dann gelangen wir vielleicht an den Punkt, an dem wir hoffen können, eine übergeordnete Technik zu besitzen.

Nach vielen Jahren der Suche fand ich heraus, dass alles für eine solche Technik Nötige schon in uns vorhanden ist, wenn wir geborene Schauspieler sind. Das heisst, uns muss lediglich klar werden, welche Seiten unseres eigenen Wesens herausgestellt, befördert und trainiert werden müssen, und schon ist die ganze Technik da. Spielen wir nämlich, gleich ob gut oder schlecht, benutzen wir unser eigenes Wesen, wenn auch auf sehr chaotische Weise. Ein Teil davon stört den nächsten, ein dritter kommt dazwischen, und wieder etwas anderes fällt uns auf den Kopf usw. Aber die Einzelteile sind alle da, es geht nur darum, unser eigenes Wesen zu sezieren, herauszufinden, was a, b, c und d sind, und wenn «a» und «b» wohlgeformt aussehen, können wir diese Buchstaben intuitiv zusammenkommen lassen und damit Worte erzeugen, die etwas bedeuten und nicht nur chaotisch erscheinen.

Ich habe drei Dinge herausgefunden – wenn ich sage «gefunden», meine ich damit, ich habe mich auf bestimmte Punkte konzentriert, die für mich offensichtlich wurden, *er*funden habe ich gar nichts – drei Bereiche, die erst einmal voneinander unterschieden werden müssen: 1) unsere Körper, 2) unsere Stimmen, 3) unsere Emotionen. Zunächst glaubte ich, wir müssten sie auseinander halten und getrennt voneinander entwickeln, als befänden wir uns in unterschiedlichen Räumen. Aber wenn wir anfangen, unseren Körper zu trainieren, machen wir eine interessante Entdeckung. Führen wir körperliche Übungen aus, auf rein physische Weise, bemerken wir allmählich, dass wir schon im Nebenzimmer, dem Raum mit unseren Emotionen sind. Dadurch wird unser Körper in allen seinen Einzelteilen – Hände, Finger, Augen usw. – später nichts anderes als der Träger unseres inneren Lebens.

DIE PSYCHE DES SCHAUSPIELERS

Der Körper wird also Teil unseres inneren Lebens, eine sehr interessante und genauso überraschende Erfahrung. Plötzlich bemerken wir: Derselbe Körper, den wir den ganzen Tag benutzen, um hierhin und dorthin zu gehen, ist ein anderer als der, mit dem wir auf der Bühne stehen. Dort wird er nämlich sozusagen zu meiner verdichteten, kristallisierten Psyche. Alles in mir wird zu meiner Hand, meinem Arm, meiner Wange, meinem Auge usw.

Anschliessend betreten wir den anderen Raum, in dem das reine innere Leben herrscht, das nichts zu tun hat mit dem Körper, nur mit Ideen, Gefühlen, dem Willen, Impulsen usw., und wir versuchen, diese als rein psychologische Dinge zu entwickeln. Aber plötzlich bemerken wir, dass doch auch unser Körper im Spiel ist. Bin ich unglücklich, werden es auch mein Körper, mein Gesicht, meine Arme, Hände, jeder Teil von mir wird unglücklich, sofern ich meinen Körper genügend trainiert habe, aber das wiederum ist nur möglich, wenn ich meine Psyche von Anfang an getrennt entwickelt habe.

DER INTELLEKT

Dann finden sich der Körper und die Psyche irgendwo in den unterbewussten Regionen unserer kreativen Seele, und uns wird Folgendes klar: Wir müssen auf der Bühne lernen, ein gefährliches Element unseres Berufes aussen vor zu lassen, wenn sich die ausgebildete Psyche und der ausgebildete Körper finden und in unserem unterbewussten Leben vereinigen. Das ist unser trockener Intellekt, der unsere Emotionen, unseren Körper, unsere Kunst störend zu beeinflussen versucht. Intellekt im Sinne von sprödem Denken. Vielleicht helfen Sie mir ja, einen treffenderen Begriff zu finden, da «Intellekt» eigentlich zu hochtrabend klingt. Aber darunter verstehen wir einen kalten, trockenen und analytischen Ansatz für Dinge, denen man sich so nicht nähern sollte. Das ist die einzige Schwierigkeit, die wir rigoros vermeiden müssen.

Wir müssen uns darauf konzentrieren, einerseits unseren Körper zu trainieren, andererseits unsere Emotionen, und den

Intellekt erst einmal aussen vor lassen. Deshalb braucht man natürlich kein Idiot zu werden, aber man sollte sich auf seine Emotionen und seinen Körper verlassen und nicht auf dieses klare und kalte Denken, diesen «Mörder» in unserem Kopf. Später wird es uns noch sehr nützlich sein, wenn wir erst einmal begreifen, dass das Denken den Körper und die Emotionen nicht töten kann, sobald der Schauspieler es unter Kontrolle hat. Ich kann, ganz wie es mir beliebt, fröhlich werden und lachen oder traurig und nachdenklich, weil ich das trainiert habe.

Dann ist der Intellekt sehr hilfreich, weil er mir alles in meinem Beruf verdeutlicht, angefangen mit dem Text des Stücks und endend mit der Umsetzung auf der Bühne. Jedes Detail wird voller Bedeutung und sinnerfüllt, weil der Intellekt weiss, dass er gezwungen ist, mir zu dienen. Aber wenn wir beginnen, Abkommen mit dem Intellekt zu schliessen, uns bei ihm anbiedern und ihm gehorchen, sind wir verloren. Wenn der Intellekt sich zum Herrscher aufschwingen darf, wird er zum Narren, einem bösartigen und gnadenlosen Narren. Alles, was der Intellekt klarmachen kann, verschleiert er, sobald er weiss: «Ich bin der Alleinherrscher.» Dann sind wir verloren.

DIE STIMME DES SCHAUSPIELERS

Das erste Vorhaben, das ich Ihnen unterbreiten möchte, besteht also darin, Körper, Emotionen und Stimme auf das Genaueste zu untersuchen, und dabei nichts mit dem Intellekt zu schaffen zu haben. Der Körper wird zur Seele und die Seele zum Körper, wobei der Intellekt lediglich dienend ins Spiel kommt. Die Stimme ist etwas Besonderes und sehr Interessantes. Ich kann das als Nichtexperte hier nicht näher ausführen, aber die in unserer Schule gelehrte Methode von Dr. Rudolf Steiner erscheint mir als eine sehr interessante und tiefgreifende, deren Ergebnisse nicht gleich offensichtlich werden, was nur gut ist. Wenn die Ergebnisse da sind, wird unsere Stimme zu einem präzisen Instrument für den Ausdruck und die Vermittlung der feinsten psychologischen Details. Die Technik, unsere Stimme nach dieser Methode einzusetzen, lässt sie sowohl bei hohen als auch bei niedrigen Frequenzen über eine Entfernung tragen, die manchmal kaum zu glauben ist.

DIE URSPRÜNGE DES THEATERS

Der zweite Punkt, wiederum ganz allgemein gesprochen, besteht darin, dass wir Berufsschauspieler oft eine Sache vergessen. Wir vergessen, dass alles, was beginnt, auch enden muss, wie bei einer Pflanze. Der Samen wird in die Erde gesteckt, es kommt zu einem langen Prozess des Wachstums, ein neuer Same wird produziert und wiederum in die Erde gesteckt usw. usf. Genauso ist es mit dem Theater. Einst hatte der Mensch das Bedürfnis, bestimmte Dinge zum Ausdruck zu bringen und für sich zu erfahren, die man «Theater» nannte. Sie kennen natürlich die Ursprünge des Theaters und wissen, wie tief und umfassend sie sind. Nach dieser tiefgreifenden Erfahrung für die Menschheit, die weitgehend eine religiöse war und viele tausend Jahre zurückliegt, degenerierte die Theaterpraxis zunehmend und erreichte unwürdigste Tiefpunkte. Aber am Anfang stand sie sehr hoch, und am Ende wird sie sogar noch höher stehen.

Deshalb gibt es im Theater viel zu tun. Viele Dinge müssen wiederentdeckt werden, damit der Anfang schliesslich das Ende sein kann. Wir müssen alles in unserer Macht Stehende tun, um das Theater edler und komplizierter zu machen, so wie es einmal war, weil dies unserer Kultur mehr hilft als alles andere. Alle Moralpredigten sind nichts im Vergleich zum

Theater, wenn man nur eine Vorstellung davon besitzt, was das Ende dieses Anfangs sein wird. Und wenn man den Mut hat, zu sagen, dass wir uns in einem Zustand der Degeneration befinden.

DIE DEGENERATION DES THEATERS

Was war am Anfang, was muss am Ende sein, und was ist die Degeneration? Am Anfang war, wie Sie wissen, das Theater ein Mittel dazu, bestimmte Impulse von anderswoher zu bekommen, um die eigene Erfahrung zu bereichern. Das Ende wird darin bestehen, das uns umgebende Leben zu bereichern, indem all die Erfahrungen, die der Mensch machen kann, mehr und mehr zurückgegeben werden. Er wird so reich und voller kostbarer Ideen, Emotionen und Willensimpulse, dass er sie durch das Theater zurückgeben kann. Das Kennzeichen der Degeneration ist das kleine, trockene, komprimierte, geltungsbedürftige Selbst: Ich bin ein kleines Etwas und ich zeige auf der Bühne, wie ich liebe und wie ich hasse – ich, ich, ich. Das ist Degeneration, dieses komprimierte und beschränkte «Ich bin» signalisiert, dass das Theater degeneriert ist. Anstatt Dinge aufzunehmen oder sie zu geben, verlustiert man sich auf der Bühne auf die geltungsbedürftigste und selbstsüchtigste Weise.

DER BEZUG DES SCHAUSPIELERS ZUM ZEITGENÖSSISCHEN LEBEN

Wir können unser ganzes derzeitiges Leben dazu benutzen, Dinge zu sammeln und sie in unserer Seele zu bewahren, sofern wir Schauspieler sein wollen, die diesen Weg beschreiten. Man kann sich zum Beispiel sagen: Es herrscht irgendwo Krieg. Natürlich können wir uns nicht wirklich vorstellen, was dort passiert, oder wir würden verrückt werden. Diese fehlende Vorstellungskraft erlaubt es uns weiterzuleben, aber zu einem gewissen Masse sind wir in der Lage oder sogar dazu verpflichtet, uns diesen Krieg vorzustellen. Wir müssen zum Beispiel mit unseren Träumen leben. Wir wachen morgens auf und wissen, wir haben geträumt, denken aber nicht weiter darüber nach. Doch manchmal müssen wir die Anstrengung unternehmen, uns beim Aufwachen an unsere Träume zu erinnern, uns fragen, warum wir lachten oder weinten, glücklich oder traurig waren. Oder ich muss mich in die Psyche Hitlers einfühlen, obwohl das etwas sehr Unangenehmes ist. Ich muss diesen Mann durchdringen, der das fantasieloseste Gehirn auf der Welt besitzt, weil er nicht weiss, was er tut, er hat keine Imagination, lediglich einen Willen und nichts weiter. Aber wir müssen verstehen, was ihn ausmacht, oder wir haben auf der Bühne nichts verloren. Genauso wie wir den heiligen Franz von Assisi so genau wie möglich verstehen müssen. Tun wir dies bewusst und aus freiem Willen, werden wir nicht verrückt dabei. Wir bleiben völlig gesund, aber wenn *wir* die Notwendigkeit bestreiten, diese Gehirne zu durchdringen, nisten *sie* sich in unseren ein, und dann werden wir tatsächlich verrückt.

Daher ist es besser, wenn wir es selber tun und damit unsere Schauspielerseele bereichern. Wenn wir ansatzweise Franz von Assisi und Hitler verstanden haben und all das, was zwischen ihnen liegt, kann es sein, dass wir vor dem Publikum auf der Bühne auf einmal mit einer derart intensiven Ausstrahlung erscheinen, dass Franz von Assisi oder Hitler dort agieren, aber sie werden benutzt und dienen uns, weil wir sie verstanden und verarbeitet haben.

DAS THEATER DER ZUKUNFT

Dies sind die Mittel, die wir als heutige Schauspieler anwenden müssen, um diesen Zustand der Degeneration zu überwinden. Wir müssen bewusst Dinge aufsaugen, sie in uns leben und uns quälen lassen – wir müssen leiden, wenn wir etwas zu sagen haben wollen, denn wenn wir nur glücklich sind, haben wir nichts zu sagen. Aber wenn sich Franz von Assisi und Hitler irgendwo in unserem Inneren befinden, verstehen wir mit Sicherheit, was das Theater kann und eines Tages sein wird.

Wir werden viele Dinge verstehen. Zunächst einmal werden wir sehen, dass alle Punkte unserer Methode Schlüssel darstellen, unsere eigene Natur besser zu verstehen. All diese verschlossenen Türen, hinter denen wir Hitler finden werden, den wir im Griff haben und beherrschen, und Franz von Assisi, der uns inspiriert. All die schwarzen Dinge, die wir besitzen, all die weissen Dinge, die wir bekommen, und dann können wir die Farben mischen, und sie werden sich in uns vermischen. Dadurch werden wir unseren Beruf wirklich geniessen, weil wir über eine Vision des zukünftigen Theaters verfügen. Unser eigenes kreatives schauspielerisches Wesen ist Teil unseres Willens, und als Schauspieler und Künstler besitzen wir mehr denn als Privatpersonen. Als Privatpersonen «wissen» wir sehr wenig, aber diese kleinen Dinge erscheinen uns so wichtig, dass sie unser ganzes Leben ausmachen. Das ist der zweite Punkt. Wir werden alle diese Punkte veranschaulichen, indem wir jeden einzelnen der Methode getrennt behandeln.

DIE AUFFÜHRUNG

Es ist nicht verkehrt, wenn wir die Aufführung als etwas genauso Individuelles neben die Einzelperson stellen. Wir wissen: Menschen haben Ideen und Gedanken, und wir haben unsere Gefühle und Emotionen, die etwas ganz anderes als das sind, was wir Gedanken oder Ideen nennen, und wir haben auch unsere Willensimpulse. Diese drei verschiedenen Bereiche können voneinander getrennt werden: 1) Ideen, 2) Gefühle, 3) Willensimpulse.

Dasselbe gilt für die Aufführung, wobei ich nicht das geschriebene Stück meine, das ist nur die Partitur, es symbolisiert und deutet das an, was wir hinzufügen müssen, aber es ist noch nicht die Aufführung. Ich meine die Umsetzung auf der Bühne, bei der alles vollkommen lebendig wird.

DIE ATMOSPHÄRE

Die Aufführung als etwas Individuelles beinhaltet auch die Idee, das «Was», das gezeigt wird. Das «Was» auf der Bühne ist lediglich die Welt der Ideen. Dazu kommt bei der Aufführung der Bereich der Gefühle, sozusagen der Herzschlag, und den nennen wir die «Atmosphäre» der Aufführung. Es sind nicht die Gefühle dieses oder jenes Schauspielers, sondern das Gefühl, das zur Aufführung selbst gehört und nur zu ihr.

Ziehen wir einige Beispiele heran, um zu veranschaulichen, was ich mit dieser «Atmosphäre» meine, die zu niemandem gehört, aber doch existiert. Stellen wir uns einen Verkehrsunfall vor: Dort, wo sich die Katastrophe ereignete, herrscht eine ganz bestimmte Atmosphäre. Wenn Sie die Szene betreten, und alle Leute rennen in wilder Bewegung herum oder stehen still, dann fühlen Sie als Erstes die Atmosphäre, bevor Sie verstehen, was genau passiert ist. Zu wem gehört dieser «Herzschlag»? Zu niemandem. Der Polizist hat völlig andere Gefühle, aber er hat diese Atmosphäre nicht erzeugt. Das Opfer hat andere Gefühle, allerdings ist auch das noch nicht die Atmosphäre der Katastrophe. Wir schauen hilflos zu, aber unsere Stimmung ist wieder eine andere. Zu wem gehört diese Atmosphäre? Zu niemandem. Sie können die Person nicht identifizieren, die diese Atmosphäre erzeugt hat, und doch ist sie da.

Das ist etwas sehr Seltsames, und Psychologen vermögen es nicht zu erklären. Sie versuchen, mit den Mitteln des trockenen Intellekts herauszufinden, woher diese Atmosphäre kommt und zu wem sie gehört. Es gibt keine Erklärung dafür, aber sie ist da. Nehmen wir ein anderes Beispiel: Sie betreten eine alte Burg. Egal, in welcher Stimmung Sie sind, Sie bemerken sofort die Atmosphäre der Burg. Wer hat sie erzeugt? Es ist niemand da. Die Wände, Türen und Fenster? Sie ist vorhanden, und Sie fühlen sogar, genau wie angesichts der schmerzhaften Atmosphäre bei dem Verkehrsunfall, dass es zunächst zu einem kleinen Kampf zwischen Ihrer Stimmung und Ihren Gefühlen und der Atmosphäre kommt, und entweder schieben Sie sie von sich weg oder Sie überlassen sich ihr. Entweder ist sie stärker als Sie selbst, oder Sie sind stärker als sie. Mit der Burg ist es genauso – vielleicht betreten Sie sie ausgesprochen gut gelaunt, aber plötzlich überkommt Sie etwas. In der Burg mag es vielleicht ganz angenehm sein, die Atmosphäre zu akzeptieren und sich ihr zu überlassen, aber es gibt dennoch einen Moment, an dem fraglich ist, wer gewinnen wird, die Atmosphäre oder Ihr Wille.

Jede Aufführung sollte eine Atmosphäre haben, die zu niemand Bestimmtem gehört, sondern nur zu ihr selbst. Jede Szene während der Aufführung müsste ihre eigene Atmosphäre haben. Ich sage «müsste», weil sie nicht immer da ist. Warum? Wegen des Intellekts, über den wir sprachen; dieser trockene und kalte Intellekt ist der Feind nicht nur unserer persönlichen Gefühle, sondern auch der einzelnen Atmosphären einer Aufführung und der Atmosphäre der ganzen Aufführung, weil er keine Gefühle erträgt. Er weiss und fühlt sofort, dass er anders denken muss, sobald wir dem Bereich unserer Gefühle, dem Herzen, erlauben, zum Leben zu erwachen. Sein ganzes Wissen und seine Überzeugungen können uns aber nichts anhaben, wenn wir unserem Herzen gestatten, seine eigenen Werte hervorzubringen.

DIE GEFÜHLE

In unserer gegenwärtigen Kultur – nicht nur in Amerika, sondern auf der ganzen Welt, jedenfalls vor dem Krieg, weil es jetzt etwas anders aussieht – besteht unsere Krankheit darin, dass wir unsere Herzen verbarrikadiert haben. Deshalb können wir nicht nur auf der Bühne keine Atmosphären erzeugen, sondern schämen uns auch, uns gegenseitig unsere Gefühle zu zeigen, weil wir instinktiv wissen, in unserem Kopf sitzt ein Teufel, der alle unsere Gefühle verlacht, sobald wir sie zu zeigen wagen. Wenn das so ist, können wir natürlich auf der Bühne keinerlei Atmosphäre erzeugen und sind stattdessen genötigt, nur eine Nachahmung unserer privaten «Ich bin»-Gefühle zu zeigen, und dieses «Ich» ist keine interessante Person. Meine privaten Gefühle bedeuten auf der Bühne nichts. Dort muss es schon etwas Grösseres sein als «Ich bin». Die Atmosphäre gibt uns die Luft und den Raum um uns herum. Sie animiert unsere tieferen Gefühle und Emotionen, unsere Träume, unseren Franz von Assisi, unseren Hitler. Ohne Atmosphäre sind wir auf der Bühne in Ketten gelegt.

Es gibt bestimmte Mittel, mit denen wir Atmosphäre erzeugen können, und ich würde sie Ihnen gerne im Allgemeinen beschreiben. Die Atmosphäre, als die «Seele» der Aufführung und der Bereich der Gefühle, ist das, was unsere Zeit mehr als alles andere braucht. Wir sind innerlich unfrei, weil wir vor unseren eigenen Herzen und denen unserer Mitakteure Angst haben. Zunächst einmal müssen wir lernen, uns als Schauspieler dahingehend zu trainieren, in unserem alltäglichen Leben die uns überall umgebenden Atmosphären zu entdecken. Das kann ein sehr bewusster Vorgang sein. Sie können unterschiedliche Räume, Strassen, Gebäude usw. betreten und sich fragen, welche Atmosphäre dort herrscht. Sehr schnell werden Sie bemerken, dass es überall Atmosphären gibt, sehr starke und mächtige Atmosphären. Dieser Versuch, die Atmosphäre zu verstehen und aufzusaugen, ist der erste Schritt in Richtung der Fähigkeit, sie auf der Bühne zu erschaffen. Beispielsweise ist die Atmosphäre des Raums, in dem wir gerade sitzen, eine sehr starke und offensichtliche. Wenn wir darauf achten, bemerken wir sie, und uns wird klar, dass wir sie nicht individuell erzeugt haben.

Der zweite Schritt ist der folgende: Wenn wir Stücke lesen, sollten wir herauszufinden versuchen, welche Atmosphäre für eine Szene, einen Moment, einen Teil der Szene die ausdrucksstärkste wäre. Das kann bei der Lektüre eine vergnügliche Übung sein. Nehmen Sie zum Beispiel *Othello.* Sind Sie gut ausgebildet und empfänglich für Atmosphäre, bemerken Sie, dass *Othello* eine Atmosphäre hat, die Sie mit keiner der anderen von Shakespeares Tragödien verwechseln können. *Was ihr wollt* hat eine bestimmte Atmosphäre, genau wie jedes Gegenwartsstück. Auf der ganzen weiten Welt gibt es nichts ohne Atmosphäre, ausser unserem trockenen und kalten Intellekt, der nichts von Atmosphäre weiss und sie bekämpft.

Der dritte Weg, Atmosphären zu erzeugen, besteht darin, uns die Atmosphäre vorzustellen, die wir auf der Bühne hervorbringen wollen, sie uns objektiv in der Luft um uns herum vorzustellen. Aber noch nicht in uns selbst. Wir können uns vorstellen, dieser Raum sei voller Rauch, blauem Rauch, grauem Rauch oder er rieche auf bestimmte Weise. Das ist leicht machbar. Oder wir können uns vorstellen, es herrsche eine traurige Stimmung. Das geht genauso leicht wie mit dem

Rauch. Der Fehler bestünde im Versuch, sich selbst traurig zu fühlen. Nein, das Gefühl der Traurigkeit ist überall um Sie herum, und doch sind Sie selbst frei davon.

Wenn wir uns diese traurige Stimmung vorstellen, können wir uns zu ihr verhalten, wie wir wollen. Wir können uns bewegen, sprechen oder ruhig dasitzen, aber wir müssen versuchen, uns im Einklang mit dieser imaginären Atmosphäre zu befinden. Das ist auch ganz leicht. Schwierig wäre es nur, wenn wir versuchten, uns dazu zu bringen, selbst Traurigkeit zu empfinden. Das ist falsch.

Jetzt versuchen Sie herauszufinden, wie Sie sich bewegen müssten, um im Einklang mit dieser imaginären Atmosphäre zu sein. Wenn Sie Ihren Körper mittels anderer Übungen trainiert haben, sind Sie in der Lage, sich im Einklang mit dieser traurigen Atmosphäre zu bewegen. Und sobald Sie mit diesen einfachen Bewegungen beginnen, entsteht in Ihnen etwas, das man als «Ich bin traurig» bezeichnen könnte. Ohne jeden Grund. In unserer Kunst brauchen wir keine Gründe. Sobald wir Gründe brauchen, wissen wir nicht, was wir damit anfangen sollen, und dann handelt es sich nicht um Kunst. Der Schauspieler muss fähig sein, ohne jede Ursache zu weinen, einfach weil er ein Schauspieler ist. Wenn er nicht sofort weinen kann, muss er die Bühne verlassen. Wenn er sich an den Tod seines Vaters erinnern muss, armer alter Mann usw. usf., dann ist er kein Schauspieler. Kann ich ohne Grund wütend werden, bin ich ein Schauspieler, muss ich aber an Himmler denken, den ich hasse, um wütend zu werden, bin ich kein Schauspieler. Alles muss zu meiner Verfügung stehen, denn dafür wurde es entwickelt.

Sobald wir uns die Atmosphäre in der Luft um uns herum vorstellen und uns im Einklang damit bewegen, entstehen unsere Gefühle, und es ist ein Vergnügen, zu spielen. Der nächste

Schritt wird sein, diese Atmosphäre zurückzustrahlen. Wir müssen sie verstärken. Wenn wir nämlich etwas über eine bestimmte Inspiration bekommen, bleibt uns nichts anderes übrig, als es zurückzugeben, es zu spiegeln. Die Atmosphäre lässt sich beträchtlich steigern, wenn wir in der Lage sind, sie zurückzusenden.

Damit wären wir wieder an einem heiklen Punkt. Wir können selbstsüchtig die Atmosphäre geniessen und für uns behalten, nur erstirbt sie dann umgehend. Je mehr wir aber davon zurückgeben, umso mehr steigert sie sich. Doch weil alle Schauspieler der Welt zu einem bestimmten Grad Egoisten sind, haben sie Angst vor dem Publikum. Wir sind abhängig von dessen Reaktion, und diese egoistische Verkrampfung aus Furcht vor dem Publikum hindert uns daran, etwas zu spiegeln, und all unsere Anstrengung mit Worten, Mimik und Manierismen wirkt nur wie ein «Stemmen» aus Angst. Stattdessen müssten wir das Publikum mit uns zusammenarbeiten lassen, so dass es «unsere» Aufführung wird, eine gemeinsame Arbeit, weil die Atmosphäre da ist.

Die Bedeutung der Atmosphäre ist für mich heute vielleicht grösser als alles andere, weil ich das Theater für einen der wichtigsten zukünftigen Garanten von Menschlichkeit halte. Die Atmosphäre öffnet nämlich das Herz jedes Zuschauers, genauso wie unser eigenes, sobald wir sie uns um uns herum vorstellen. Wenn wir mittels unseres Berufes in der Lage sind, die Herzen unserer Mitmenschen zu öffnen, vollbringen wir ein Wunder. Wir kranken nämlich an einem Mangel an Gefühlen in unserem Leben. Um etwas dagegen zu tun, muss man sich nicht unbedingt ein modernes Stück über heutige Probleme vornehmen. Wir können auch zu einem vor hunderten von Jahren geschriebenen Text greifen, wenn wir damit Menschen dazu bringen, Dinge in sich zu befreien, die tief in ihrem Inneren verschlossen sind, Dinge, die wir so sehr verdrängen und unterdrücken, dass wir nicht verstehen, was um uns herum vorgeht. Wir können den Krieg in Europa nicht verstehen, nicht das, was auf uns zukommt und was das Ende von Hitler sein wird, wir können nichts davon verstehen, weil wir es nicht fühlen. Aber wir müssen verstehen. Wenn es uns das Herz zerreisst, es offen zutage liegt, und der Intellekt unser Diener wird, sehen wir sofort, wer Hitler ist, was er bereits bekommen hat, was wir vermeiden können und was nicht. All diese sozialen und kulturellen Probleme können gelöst werden mittels unseres schönen, geheimnisvollen, grossartigen Berufes, der Theaterkunst. Und die Atmosphäre ist das Mittel, mit unserem Publikum zu kommunizieren, ohne auch nur ein Wort zu sagen oder zu hören.

Vor vielen Jahren unternahm ich das folgende «Experiment», während ich den Hamlet spielte. Ich versuchte, die Rolle jeden Abend nicht so anzulegen, wie ich es wollte, sondern wie das Publikum es wollte. Das war sehr interessant, weil ich jeden Abend von den Zuschauern andere Vorschläge und Fragen erhielt. Eine Gruppe Lehrer stellte mir ganz andere Fragen als Leute von der Strasse, und sie mussten anders beantwortet werden. Und so weiter. Deshalb bin ich mir absolut sicher: Wenn die Atmosphäre da ist, wird uns das Publikum sehr viele Dinge mitteilen, und wir werden ihm sehr viele Dinge mitteilen, die *es* wirklich braucht, genauso wie *wir* selbst und unsere Zeit sie brauchen – alles nur mittels der Atmosphäre.

Und da wären wir schon wieder an einem interessanten Punkt. Im gegenwärtigen Theater verlassen wir uns sehr auf die Bedeutung des Wortes. Wir formulieren von der Bühne herunter den Inhalt, die Bedeutung, das «Was», und deshalb brauchen wir vermeintlich keine Atmosphäre, weil wir das «Was» auch ohne sie artikulieren können. Aber sobald die Atmosphäre da ist, sagen wir die der Liebe, vergessen Sie umgehend die Bedeutung und drücken etwas viel Wichtigeres aus. Unsere Sprache, unsere Worte werden dann voller «Bedeutung», die mehr ist als blosser «Inhalt». Und wenn wir diese liebevollen Worte etwa in einer Atmosphäre des Hasses sagen, entsteht eine sehr interessante Verbindung, ein spannender Zusammenstoss von Dingen. Übermenschlich, unmenschlich, aber nie nur reines 1:1.

Die Atmosphäre ist also der beste Regisseur. Kein Regisseur kann Dinge vorschlagen, wie sie es kann. Ist sie vorhanden, und sind sich die Schauspieler darin einig, bestimmte Atmosphären auch herzustellen, werden Sie feststellen, dass Sie heute nicht wie gestern Abend spielen. Es wird anders sein, weil die Atmosphäre das Leben ist und auch dieses sich ständig wandelt. Auf der Bühne finden wir eine enorme Vielzahl von Dingen in uns, wenn wir uns von den Atmosphären inspirieren lassen, die wir selbst erzeugten.

Lassen Sie mich meine Definition der Aufführung als etwas genauso Individuelles wie die Einzelperson zusammenfassen. Die Aufführung ist die Idee, das «Was», der Bereich der Gefühle, der Atmosphäre und des Willens. Alles, was wir auf der Bühne mit unseren Augen sehen können, alles, was hörbar ist, gehört zum Bereich des Willens bei der Aufführung. Es ist vorhanden, es ist in Bewegung, es ist ein ständiger Prozess. Und indem wir diese drei Dinge definieren, werden wir später den richtigen Ort finden, an dem wir bestimmte Punkte der Methode anwenden können.

DIE ÜBERAUFGABE

Nehmen wir ein Beispiel aus Stanislawskis Methode: die Überaufgabe. Sehr oft versuchen Schauspieler fälschlicherweise die Überaufgabe dem Bereich der Ideen zuzuordnen – dorthin gehört sie nicht – statt zum Bereich des Willens, sie ist nämlich das, was ich *tun* und spielen werde, das, was ich *will.* Wir brauchen uns der Überaufgabe nur innerlich zu nähern und können äusserlich bewegungslos sein, weil wir uns innerlich ja ständig bewegen. Während Sie dasitzen, können Sie registrieren, dass Sie sich innerlich bewegen. Ich kann sichtbar meine Hände, meinen Körper, meine Augen bewegen, mich aber auch nur innerlich bewegen, und das ist der Bereich der Überaufgabe.

AUSSTRAHLUNG

Wir können noch einen anderen Punkt nehmen: die Ausstrahlung. Strahlen Sie bewusst aus, so dass Sie das Gefühl bekommen, alles an das Publikum weiterzugeben. Das hat natürlich sehr viel mit dem Willen zu tun, Sie können aber auch Ihre Gefühle ausstrahlen. Dann befinden wir uns im Bereich des Herzens.

Erscheint Ihnen diese Aufteilung in Gedanke, Gefühl und Wille zu intellektuell und trocken, so täuscht das. Wenn Sie nämlich diese drei Ebenen tatsächlich richtig im Griff haben, können Sie sich entweder in den Bereich der Ideen stürzen oder völlig erfüllt sein von dem der Gefühle. Sie können sowohl im Bereich des Herzens leben, als auch in dem des Willens. Wenn Sie das konkret fühlen und es nicht länger nur eine abstrakte Idee bleibt, wie in unserem Gespräch heute, werden Sie sehen, dass all diese Dinge Ausdrucksmittel sind, Werkzeuge unseres Berufes. Dieser zwischenzeitliche Selektionsprozess führt uns später zu einer so harmonischen Kombination von innerlichen Dingen, dass wir in der Lage sind, in uns vieles zu entdecken, das nur darauf wartet, erweckt zu werden, was wir aber aufgrund des ganzen inneren Chaos bei der Vorbereitung eines Stücks nicht zulassen.

DAS WESEN DES SCHAUSPIELERS ENTWICKELN

Jetzt zum letzten Punkt für heute. Unser eigenes Wesen zu entwickeln erfordert Zeit. Wir müssen ein bestimmtes Mass an Zeit und Energie aufbringen, uns selbst zu trainieren, aber nach dieser Übungsphase, die lange dauern kann, bemerken wir, dass sie uns Zeit gespart hat. Manchmal hält man diese Phase in unserem Beruf fälschlicherweise für Zeitverschwendung, weil wir Stücke in vier Wochen herausbringen müssen. Wir denken, es könne etwas nicht stimmen, weil dieses Training Jahre dauert. Aber es stimmt nur etwas nicht, wenn wir meinen, es dauere ewig. Nein. Es ist eine lange Zeit, aber ist sie erst einmal herum, spart man auch wieder Zeit. Wenn Sie lachen können, weinen, singen, aus dem Stand glücklich sein – wenn Sie Ihre Imagination so trainiert haben, dass Sie sofort *Othello* als Ganzes zu sehen vermögen – dann ist das eine wirkliche Zeitersparnis.

Wenn wir während der ersten beiden Wochen nicht die Hände in den Hosentaschen behalten müssen, um unser Gefühl von Scham zu überspielen, bemerken wir, was wir mit unseren Armen und Händen alles ausdrücken können. Wenn wir sie von unserem Zentrum und nicht von den Gelenken aus bewegen und dabei frei sind, können wir von Zeitersparnis sprechen. Man spart also am meisten Zeit, wenn man viel Zeit ins Training investiert. Wenn nach dieser langen Trainingszeit alles da ist, bin ich überzeugt, die Aufführung könnte in zwei Wochen erarbeitet werden. Aber nicht vorher.

Zweite Unterrichtsstunde

Fragen und Antworten

11. November 1941

ATMOSPHÄRE

Erzeugt der Schauspieler die Atmosphäre aus seiner Umgebung oder ist sie etwas Unabhängiges?

Der Schauspieler muss sich vorstellen, die Luft sei erfüllt von der Atmosphäre, auf die man sich geeinigt hat. Deshalb ist sie die Arbeit des Schauspielers.

In Bezug auf die Atmosphäre des Verkehrsunfalls: Wenn die quantitative Veränderung erfolgt, erfolgt auch die qualitative.

EINFLÜSSE

Auf der Strasse passiert es unbewusst, aber auf der Bühne müssen wir bestimmte Atmosphären bewusst erzeugen, damit wir bekommen, was wir wollen. Ich glaube aber auch, dass noch etwas anderes hineinspielt, *ein gewisser Einfluss* von anderswoher, den wir nicht einordnen können. Ich meine damit, es gibt um uns herum Einflüsse, die sich nicht durch Analyse oder psychologische Mittel erkennen lassen. Bestimmte Einflüsse, von denen wir stärker abhängen, als wir glauben; und die Atmosphäre ist nur ein Beleg dafür, dass diese Einflüsse stark genug sind, damit wir sie wahrnehmen, ohne genau sagen zu können, was sie sind oder woher sie kommen.

Aber wenn wir sie nicht verstehen, können wir sie doch auch nicht benutzen.

Natürlich können wir das. Diese «Einflüsse» wollen zu uns kommen, und wenn wir sie herbeirufen, indem wir bewusst die Atmosphäre erzeugen, dann sind «sie» da. Sie entziehen sich uns nicht, sie kommen zu uns und versuchen, uns auf alle möglichen Weisen zu beeinflussen. Aber sie lassen sich nicht mit unserem Intellekt in Einklang bringen, der hält sie ab. Wenn wir jedoch in unseren Herzen und mit unserem Willen offen sind und der Intellekt uns dient, dann sind sie da, um uns zu helfen.

Könnten Sie das etwas genauer erläutern, selbst wenn wir da über nicht greifbare Dinge sprechen?

In solchen Fällen passieren immer zwei Dinge. Erstens: Wenn Sie sich zumachen, verringert sich der Einfluss dieser, nennen wir sie einmal: «Wesen». Zweitens: Wer sich dem Einfluss dieser «Wesen» versperrt, schliesst sich selbst aus, so dass beide Seiten irgendwie leiden. Diese Disharmonie beeinträchtigt beide Seiten. Das heisst nicht, wir müssten, wenn wir uns der Atmosphäre ergeben, einfach nur das fühlen, was sie diktiert. Wir haben schon auch andere persönliche Gefühle, aber trotzdem ist die allgemeine Atmosphäre da. Wenn Sie sie jedoch ablehnen, kann sie sich Ihnen nicht aufzwingen.

Stellen wir uns eine Atmosphäre vor – erzeugt von uns Schauspielern – bei der wir darauf warten, dass jemand den Raum betritt, jemand sehr Unangenehmes. In dem Moment, wo wir anfangen zu lügen, verschwindet alles. Stellen Sie sich vor, wir warten in einer angespannten, unangenehmen Atmosphäre. Wenn wir wahrhaftig sind, ist die Atmosphäre da, doch sobald wir anfangen, zu lügen und zu übertreiben, verschwindet sie sofort. Es gibt also eine absolute Grundbedingung: Es muss wahrhaftig sein, sonst gibt es keinen Kontakt der Schauspieler untereinander oder zwischen ihnen und diesem «Einfluss».

Es scheint mir, die Atmosphäre wird erreicht über etwas, das man getan hat. Wenn man wirklich etwas tut, wird die Atmosphäre erzeugt. Also ist für mich als Schauspieler wichtig, dass ich tatsächlich etwas mache.

Ja. Sich vorzustellen, die Luft sei mit Atmosphäre erfüllt, heisst ja auch etwas *tun*. Das *Tun* muss unbedingt da sein. Etwas zu *machen* ist absolut wichtig auf der Bühne.

DER INTELLEKT

Sie sagten, wenn wir es dem trockenen und kalten Intellekt erlauben hineinzukriechen, tötet das die Aufführung. Wenn der Dramatiker das Stück schreibt, muss er eine Idee haben; diese Idee bringt ihn erst dazu zu schreiben. Deshalb muss der Schauspieler verstehen, was er in Bezug auf den Inhalt des Stücks und seine Rolle tut. Auch muss er sich intellektuell darüber klar sein, was er auf der Bühne macht. Aber ich nehme an, das ist nicht der kalte und trockene Intellekt, von dem Sie sprechen?

Natürlich muss der Schauspieler so viel wissen wie nur möglich. Aber der Unterschied besteht darin, *wie* er es weiss. Das ist der ganze Unterschied zwischen dem kalten Intellekt und einer Art von Denken, die den Schauspieler nicht behindert. Der kalte Intellekt sorgt dafür, dass wir nur Tatsachen sehen. Wenn unser «Wissen» jedoch gleichzeitig ein fantasievolles Bild ist, stimmt es wieder, weil die wahre Imagination erfüllt ist von Emotionen und Willensimpulsen, der Intellekt aber in der Position eines Dieners bleibt, der die Kerze trägt und nichts anderes tut, als Licht zu spenden.

Ansonsten hätte ich das Gefühl, man könne zwar allgemein auf das reagieren, was vor sich geht, aber es würde vage und diffus.

Unstrukturierte Emotionen sind sogar noch schrecklicher, als wenn man etwas mittels des kalten Intellekts tut. Der Intellekt muss in eine Vision verwandelt werden.

Ist der Intellekt so etwas wie das Rationalisieren, ein sehr intellektueller Prozess, an dem man nicht teilnimmt und der nicht in die drei Erfahrungsebenen einfliesst?

Natürlich. Genauso habe ich das gemeint.

Der Schauspieler darf kein Kritiker sein. Wenn man nur den Intellekt benutzt, ist man nicht kreativ.

Das Beunruhigende an unserem Verständnis von «Intellekt» ist, dass wir darunter etwas Analysierendes, Kritisierendes oder Strafendes verstehen. Etwas Negatives. Das russische Wort bedeutet einfach nur «rationalisieren», ist also etwas viel enger Gefasstes.

Aber es passiert etwas Seltsames, wenn unser «Wissen» und unser Verständnis für das, was wir auf der Bühne *tun*, entwickelt sind, wir also im richtigen Sinne verstehen, so dass unsere Imagination geweckt wird und wir Dinge sofort sehen. Je mehr wir wissen, desto mehr stellen sich unterbewusste oder überbewusste Dinge ein, so dass keine Gefahr besteht. Der Bereich des Unterbewussten öffnet sich.

Ich denke, es ist wichtig, diese Begriffe zu klären. Das ging mir schon immer so, und vor kurzem bekräftigte mich Stark Young in diesem Glauben, als er mir erklärte, wir müssten durch dieses Stadium der Verwirrung hindurchgehen, bis wir herausfinden, was wir tatsächlich meinen, wenn wir über «Atmosphäre», «Gefühle», «Intellekt» usw. sprechen. Es ist also sinnvoll, die Begriffe zu definieren, die wir verwenden.

DER WILLE

Ich bin mir nicht ganz sicher, was Sie unter «Willensimpulsen» verstehen.

Natürlich muss ich aus verschiedenen Blickwinkeln zu denselben Themen zurückkehren. Was den Willen angeht: Für unseren Gebrauch ist er etwas ganz Einfaches. Es handelt sich lediglich um die Vorwegnahme dessen, was passieren soll, und das ist gleichzeitig die Überaufgabe, nicht ganz so, wie sie bei ihrem Erfinder Stanislawski beschrieben wird, sondern mit einer kleinen Abweichung, die ich vorschlage.

DIE ÜBERAUFGABE

Ich schlage vor, die Überaufgabe nicht als das blosse Verstehen dessen, was wir erreichen wollen, zu definieren, sondern dass wir das Ergebnis betrachten. Das sind für mich die Überaufgabe und gleichzeitig der *Wille* auf der Bühne. Wenn ich beispielsweise einer Bekannten die Hand schütteln will, kann ich mir sagen: Ich will ihr die Hand schütteln. Aber wenn ich mich das nicht tun sehe, wie soll ich es ausführen? Dann ist es der Intellekt. *Sehe* ich jedoch, wie ich eine Hand schüttle, habe ich ein Bild vor mir, das meinen Willen leitet. Vorwegzunehmen, vorherzusehen, das ist die wahre Überaufgabe.

Als junger Schauspieler bei Stanislawski war mir dieser Unterschied lange nicht klar. Schliesslich verstand ich, dass ich immer ein Bild vor Augen haben musste, und danach ging alles gut. Ich möchte noch hinzufügen, dass man nicht versuchen sollte, die Überaufgabe zu finden, bevor man frei spielen kann. Spielen Sie zunächst frei, selbst wenn Sie es schlecht tun, und fragen Sie sich hinterher: «Was habe ich gemacht?» Dann können Sie es korrigieren. Genauso ist es mit dem Intellekt. So findet man die Überaufgabe.

Wenn man eine Überaufgabe anstrebt und sich sehr matt fühlt und nicht weiss, wie man warm werden soll, dann hilft es, sich eine Überaufgabe zu wählen, die eine Verbindung mit der Szene als Ganzem hat.

DIE IMAGINATION

Das mag in Ihrem Fall sehr helfen, aber generell würde ich sagen, Sie sollten sich eine möglichst einfache und naheliegende Überaufgabe wählen. Der leichteste Weg, die Überaufgabe zu finden und gleichzeitig warm zu werden, besteht darin, an unsere Imagination zu appellieren. Nehmen wir Sir Toby Belch, wie er in *Was ihr wollt* den Keller betritt. Wenn ich mir vorstellen kann, wie er den Keller betritt, finde ich auch die Überaufgabe. Wenn ich ihn nicht sehen kann, bin ich kein Schauspieler. Sehe ich ihn, kommt die Überaufgabe von selbst. Das lässt sich natürlich entwickeln, doch es muss immer eine

Art Vision sein. Niemand sonst auf der Welt kann meinen Sir Toby Belch sehen, so wie niemand sich selbst sehen kann. Die Imagination ist das, was uns am ehesten zu dem Punkt führt, den wir als «warm sein» bezeichnen oder als «bereit zu spielen».

Ich bin immer sehr unglücklich, wenn jemand sagt: «Aber das ist doch nicht Shakespeare!» Woher wollen wir denn wissen, was Shakespeare dachte oder sah? Ich habe meinen Shakespeare, und Sie haben Ihren. Keiner hat das Recht, das zu kritisieren.

Aber entwickeln wir nicht bestimmte Assoziationen in Bezug auf bestimmte Bilder, etwa dass der Weihnachtsmann immer dick ist? Ich habe den Eindruck, das ganze Problem des kulturell kodierten Bildes sei etwas, vor dem wir zurückschrecken.

Wir machen einen grossen Fehler: Wir verwerfen das eine oder das andere, während beide wahr sind. Der Weihnachtsmann ist da, auch wenn der Bart bei dem einen etwas kürzer und bei dem anderen etwas länger ist.

Sie sprechen über und demonstrieren den idealen Schauspieler, der ansatzlos lachen oder weinen kann. Sie sagen, es sei für den ausgebildeten, reifen Schauspieler unnötig, an seinen «sterbenden Grossvater» zu denken. Das verstehe ich, aber ich weiss nicht, wie ich es umsetzen soll, obwohl ich alles verstanden habe, was Sie über die Überaufgabe sagten, die wir erreichen wollen. Vielleicht muss ich ja doch meinen «sterbenden Grossvater» benutzen, weil das der einzige Weg ist, die Überaufgabe zu erreichen, die ich mir gesetzt habe. Mein Problem ist: Was soll ich statt meines «sterbenden Grossvaters» benutzen?

Den «sterbenden Grossvater» können wir mit zwei Dingen ersetzen. Zunächst einmal mit einem entwickelten, flexiblen, inneren Leben. Wenn es richtig entwickelt ist, enthält es alle «Grossväter» der Welt. Wir brauchen kein bestimmtes einzelnes Bild. Das entwickelte innere Leben enthält dauerhaft alle «Lears», alle «Väter» und überhaupt alles andere. Das ist das eine. Es gibt noch einen weiteren Weg, doch der erscheint mir ein wenig gefährlich. Wenn wir das Bild unseres eigenen Grossvaters nehmen, wird es im falschen Sinne persönlich. Sie werden bestimmte Gefühle bekommen, vielleicht starke Gefühle, aber andere als die, die wir in unserer Arbeit anstreben. Sie sollten nicht gezeigt werden. Sie haben eine bestimmte persönliche Färbung, die uns etwas kleiner und das Publikum misstrauisch macht, gleich ob bewusst oder unbewusst. Der Schauspieler kann hysterisch werden, wenn er zu lange auf diese Weise arbeitet, weil wir unserer Natur nicht erlauben, das «Grossvater»-Drama so zu vergessen, wie es unsere Psyche erfordert. Wir holen ihn immer wieder aufs Neue aus dem Grab und können ihn nicht vergessen, was uns nach einer Weile psychisch krank macht, weil wir unserer Natur etwas aufzwingen.

Wenn ein Autor eine besonders starke Imagination hat, dann beinhaltet diese alles. Man muss sich nicht von einem bestimmten Ereignis abhängig machen, sondern man kann dieses Gefühl aus vielen Ereignissen zusammensetzen. Unser Problem beim Erzeugen von Gefühlen besteht in unserer Unfähigkeit, uns wirklich ungestört derart zu konzentrieren, dass die Imagination stark ist. Wenn unsere Vorstellungskraft so stark ist, dass wir wirklich und wahrhaftig etwas imaginieren, sind unsere Reaktionen stärker.

Von meinem Standpunkt aus ist das völlig richtig.

Ich will auf Folgendes hinaus: Sie, zum Beispiel, sind ein erfahrener Schauspieler, auf mich trifft das jedoch nicht zu. Manche Dinge kann ich, andere nicht. Was ich versuche herauszufinden ist, wie ich diese Erfahrung vertiefe und lerne, das Gebiet zu beherrschen, auf dem ich nicht so stark bin. Ein Weg mag dabei der über die Erfahrung meines «sterbenden Grossvaters» sein. Was ich suche, ist ein konkreter Weg, diese Schwachpunkte bei mir zu überwinden. Sie mögen sagen durch erhöhte Konzentration, aber das ist nicht richtig für mich. Wenn es bei mir nicht funktioniert, was mache ich dann?

Die Imagination eines Schauspielers ist eine andere als die einer gewöhnlichen Person. Ich will wissen, wie ich Dinge tun kann, die ich jetzt noch nicht beherrsche.

Folgendes habe ich verstanden: Wir haben uns alle bei der Erarbeitung einer Rolle auf unsere «Grossväter» und unser Privatleben verlassen, anstatt das Stück selbst komplett zu erforschen. Stattdessen verliessen wir uns auf unsere privaten Gefühle. Wenn wir uns auf die imaginativen Möglichkeiten der Figuren im Stück konzentrieren und daran arbeiten würden, wäre es da.

Wir sind alle hier, weil wir von Ihnen gerne einen Weg gezeigt bekämen, wie wir bessere Schauspieler werden können.

Stimmt es, dass Sie behaupten, es gäbe ein technisches Handwerkszeug für mich, das mir erlaubt, alle «Grossväter» zu benutzen?

Ich verstehe, was Sie meinen, aber ich kann es nicht umsetzen. Vielleicht wurde ich nicht als besonders emotional entwickelte Person geboren. Ich habe versucht, meinen Weg dahin zu finden, und der erste Schritt dabei ist für mich, auf die Dinge zurückzugreifen, die ich am besten kenne, oder auf irgendein Bild, das mich bewegt.

Sie gebrauchen den Begriff «ein flexibles, inneres Leben». Ich habe versucht, mich an etwas zu erinnern, das mich zum Lachen oder zum Weinen brachte, doch es ist mir nicht gelungen. Später gelang es mir. Wenn ich es nachverfolge, so finde ich, dass ich im Leben von verschiedenen Erfahrungen geprägt wurde und dass das in meine schauspielerische Technik eingegangen ist.

KONZENTRATION

In dem Moment, wo ich mich auf einen Gegenstand konzentriere, fange ich an, meine Imagination zu gebrauchen, und es wird etwas anderes.

Genau darauf zielen wir ab. Wenn durch die Konzentration unsere Imagination angeregt wird, haben wir unsere Absicht erreicht.

Das glaube ich nicht.

Das Ziel der Konzentration scheint nach aussen gerichtet zu sein, aber eigentlich geht es dabei darum, so tief in sich selbst hineinzugehen, dass Sie dort alle Ihre Fähigkeiten in der Erwartung finden, Ihnen zu gehorchen. Allein die Konzentration ist dazu fähig, Ihnen die Tür zu Ihren eigenen kreativen Fähigkeiten zu öffnen. Sie lässt sich in verschiedene Richtungen lenken, aber darunter ist vielleicht der Weg zu Ihrer kreativen Individualität. Nur Sie selbst können ihn erkennen.

Das mag alle Ihre Fragen abdecken. Zunächst einmal sehe ich keinen Widerspruch in unserem Verständnis von Theater. Der ganze Unterschied besteht darin, dass Sie sagen, an Ihren «sterbenden Grossvater» zu denken, führe Sie zu grösseren Dingen. Das ist aber das genaue Gegenteil dessen, was ich gerade meinte, nämlich, dass es Sie kleiner macht. Wenn wir genügend Erfahrungen über unsere «Grossväter» ansammeln und sie dann vergessen, müssen wir uns nicht mehr an unsere «Grossväter» erinnern. Sie brauchen sich nur an die Atmosphäre zu erinnern, benötigen einen Funken an Vorerwartung, wie sie aussehen soll: Lachen, Traurigkeit und so weiter. Derselbe «Grossvater» wird als künstlerische Empfindung zurückkehren, wenn er seines Weges gegangen und vergessen worden ist. Ich argumentiere nur gegen die Erinnerung an Dinge, die noch *zu persönlich* sind.

Die grundsätzliche Frage lautet doch: Können wir in uns selbst die Fähigkeit zu Imagination und Konzentration entwickeln? Ich bin mir sicher, wir können das. Deshalb ist die nächste Frage: Entwickeln wir sie auch? Tun wir das, sind wir auf dem Weg zum selben Ziel. Können wir einen Schritt in Richtung der Fähigkeit machen, uns nicht an unseren «Grossvater» zu erinnern, oder müssen wir uns immer noch an ihn erinnern? Wenn wir uns nur an ihn und an nichts anderes erinnern, sind wir keine Künstler. Aber das nehmen wir doch an, und daher bleibt nur die Frage, ob wir bestimmte Fähigkeiten ausbilden wollen oder nicht.

In diesem Zusammenhang halte ich die Fähigkeit zur Konzentration für einen sehr wichtigen Punkt. Wenn wir diese besondere Fähigkeit nicht entwickeln, können wir viele Dinge nicht in uns ansammeln und sehen sie gar nicht erst, weil das Leben uns nicht im nötigen Ausmass bereichert. Ohne diesen Generalschlüssel erreichen wir nicht viel. Ohne diese besondere Art von Konzentration kommen wir nirgendwohin.

Wenn wir uns zum Beispiel König Lear vorstellen, gelingt uns das nur, weil wir innerlich bereits reich genug sind mit all den «Grossvätern», die wir vergassen. Doch wir können uns König Lear nicht vorstellen, wenn wir einen konkreten Grossvater haben, der uns immer noch an den Nerven zerrt und das Herz zerreisst. Die Konzentration erlaubt es uns, ganz verschiedene «Grossväter» in uns anzusammeln und sie schneller zu verarbeiten.

Als mein eigener Vater starb, konzentrierte ich meine Aufmerksamkeit so sehr auf ihn, dass ich den ganzen tragischen und schmerzhaften Vorgang verarbeitete und ihn in *König Lear* verwenden konnte; nicht nur das, ich musste ihn sogar verwenden. Hätte ich mich im Moment des Sterbens meines Vaters nicht richtig konzentriert, hätte ich ihn vielleicht viele Jahre mit mir herumgeschleppt und wäre nicht in der Lage gewesen, ihn unterbewusst zu benutzen. Wenn ich weine, weine ich natürlich um meinen Vater, meine Mutter, meinen Hund und über all die Dinge und Menschen, die ich vergessen habe, aber sie weinen durch mich.

Es geht also lediglich um die Konzentration. Wenn wir uns richtig konzentrieren, mit Hilfe der Mittel, an denen wir arbeiten werden, stellt sich die Fähigkeit zu lachen, zu weinen und von der eigenen Imagination beeinflusst zu sein schneller und leichter ein. Das ist nur eine Frage der Ausbildung und des Trainings.

Ich glaube, dass wir alle begabter sind, als es den Anschein hat. Ich glaube sogar, dass wir alle Genies sind, es nur nicht wissen und Angst davor haben, es uns einzugestehen. Stattdessen glauben wir, dieses oder jenes nicht tun zu können, aufgrund von Hemmungen, unterentwickelter Imagination usw., und deshalb benutzen wir Klischees. Wenn man sein eigenes Leben Revue passieren lässt, wird man Momente finden, in denen es Anzeichen von Genie gab. Für den erfahrenen Schauspieler kommt es nur darauf an, das eigene innere Leben mit den richtigen Mitteln zu entschlacken, mit Geduld und grosser Anstrengung, und er entdeckt viele Dinge, von denen er gar nicht weiss, dass sie da sind.

Wie können wir zum Beispiel völlig seltsame Dinge träumen, ein Durcheinander von Figuren, Atmosphären und Emotionen? Das ginge nicht, wenn wir glaubten, nur das zu können und nichts weiter. Wir müssen uns sagen, wir können viel mehr, sobald wir nur bestimmte Dinge verwerfen und andere entwickeln. Das kostet natürlich Zeit, was unangenehm ist, doch das muss es uns wert sein.

Ich denke, wir wünschen uns alle von Ihnen ein einfaches technisches System, um bestimmte Dinge auszuführen. Sie haben etwas gesagt, das eine Antwort auf diese Frage nach der Technik darstellt, und ich würde es gerne vertiefen. Das ist die Idee, sich das fertige Bild auszumalen, bevor es fertig ist. Davor wurde ich in meiner bisherigen Arbeit gewarnt, aber es interessiert mich und gefällt mir. Es scheint im Zusammenhang zu stehen mit Ihrer Vorstellung von den Willensimpulsen, die ich als eine grosse Weiterentwicklung in der Definition der Überaufgabe sehe. Das hätte ich gerne noch weiter ausgeführt, weil es für mich das «Wie» ist.

Solange wir über die Methode *sprechen* müssen, wird sie etwas schwierig erscheinen, weil wir sie *ausführen* müssen, um sie zu verstehen. Doch wenn Sie das erst einmal tun, werden Sie sehen, wie einfach es ist. All die Punkte, die ich einzeln aufgelistet habe, sind miteinander verwandt und eigentlich eine Einheit. Im Grunde gibt es nur einen Knopf in Ihrem Inneren, auf den Sie drücken müssen, und alle diese Verwandten erwachen zum Leben, aber um sie kennenzulernen, müssen Sie mit jedem einzeln reden. Eigentlich ist es eine ganz einfache Methode. Wir werden an den Punkt kommen, wo wir all diese Dinge geklärt haben: Konzentration, Imagination, Ausstrahlung und so weiter. Gleiches gilt für die Atmosphäre; wenn Sie Atmosphäre wollen und sie tatsächlich erzeugen, ist alles andere auch da. Es ist eine Einheit. Ein grosser Mathematiker kann nach vielen Jahren, während derer er zahlreiche Formeln niederschrieb, die er nicht unter einen Hut bekam, eine bestimmte übergreifende Formel finden. Plötzlich ist sie da, und alles lief auf diesen wunderbaren Moment zu.

KONZENTRATIONSÜBUNGEN

An Schauspielschulen fangen wir oft damit an, zwei wichtige Sinnesorgane zu benutzen: die Augen und die Ohren. Das ist in Ordnung für eine bestimmte Phase unserer Arbeit, doch es reicht noch nicht. Angenommen, wir wollen uns auf ein Objekt konzentrieren. Wir müssen es vor uns sehen, das ist die erste Stufe. Als kleine Hilfe dabei können wir es detailliert beschreiben. Anschliessend müssen wir die folgenden Dinge tun: Ohne uns körperlich zu bewegen, orientieren wir unser ganzes Selbst in Richtung des Objekts. Wenn wir zum Beispiel lieben, konzentrieren wir uns so sehr auf die Person, dass wir uns ihr beständig annähern. Das geschieht mittels unseres Willens. Der Körper bleibt unbeweglich, aber etwas in uns nähert sich diesem Objekt. Wenn Sie *bei* ihm angelangt sind, muss der Körper frei und entspannt bleiben. Dann werden Sie spüren, dass Ihr Schauen und Betrachten nebensächlich sind.

Jetzt haben Sie das Objekt nicht nur mit Ihren Augen, sondern mit etwas viel Wichtigerem «ergriffen». Der letzte Schritt besteht darin, das Objekt nicht nur zu «ergreifen», sondern auch zu bewahren, so intensiv, dass Sie nicht wissen, ob es Sie hat oder Sie es. Sie verschmelzen damit. Und wenn Sie eins damit sind, passiert ein Wunder: Sie wissen genau, wie schwer es ist, welche Form es hat, was für ein Geräusch es verursacht, wie es von allen Seiten aussieht. Mit unseren Augen sehen wir nur die Oberfläche. Wenn wir uns dem Objekt körperlich nähern, kennen wir es irgendwie vage, wenn wir es «ergreifen», kennen wir es schon besser, doch erst wenn es uns «ergreift», haben wir alle seine Merkmale kennengelernt. Sie können auch zwei Objekte nehmen. Je mehr wir diesen Prozess der Verschmelzung mit Dingen ausführen, desto verschiedener werden sie, bis sie unvergleichlich geworden sind. Sie können uns so viel zeigen, dass es uns vielleicht sogar erschreckt, aber es ist der einzig gangbare Weg, um Dinge wirklich *kennenzulernen.* Dieser Prozess der Konzentration, der «Verschmelzung», ist der einzige Weg dazu. Gleich ob es sich um eine Schachtel Streichhölzer handelt oder einen Menschen, ist der Prozess der Konzentration, der unkörperlichen Verschmelzung derselbe. Ob es sich um Michelangelos *Moses,* eine tatsächliche Person oder ein Strassengeräusch handelt, die Kraft der Konzentration muss in allen Fällen dieselbe sein.

Wenn wir schon so viele interessante Dinge von einfachen Gegenständen bekommen, wie viel bereichernder und interessanter wird erst die Arbeit an unserer Rolle sein! Die richtige Art sich darauf zu konzentrieren, besteht darin, das Objekt gar nicht mehr anschauen zu müssen. Dann macht es keinen Unterschied, ob es sich um eine fiktive Figur handelt, etwa Sir Andrew Aguecheek in *Was ihr wollt,* oder den Schauspieler, den ich in Kostüm und Maske auf der Bühne sehe. Die Imagination wird so konkret, und die Kraft der Konzentration macht sie umgehend so real und anschaulich, dass man sich nicht an den tatsächlichen «Grossvater» erinnern muss, weil der imaginäre «Grossvater», der dem Schauspieler als König Lear, Claudius usw. usf. erscheint, genauso konkret ist. Mehr als das: Er ist völlig frei von den angespannten Nerven des Schauspielers und seinem physischen Schmerz, was nicht der Fall wäre, wenn ich an meinen unvergessenen Vater, meine Mutter oder meinen Grossvater denke.

DAS BILD

Das beweist uns, wie sehr alles zusammenhängt. Durch Konzentration wird die Imagination konkret, und die konkrete Vorstellungskraft kann nicht ohne eine derartige Form der Konzentration entstehen. Ein letztes Ergebnis dieser Übung besteht darin, dass die Bilder, die wir mittels dieser Art von Konzentration und hochentwickelter Imagination darstellen werden, vor uns erscheinen, während wir an der Rolle arbeiten. Sie werden völlig konkret da sein, so dass wir sie zwar mit unseren realen Augen nicht sehen können, aber doch in der Lage sind, die Stelle, auf der Hamlet steht, die Falten in seinem Gesicht usw. usf. zu beschreiben. Das kommt von sich aus. Ich weiss von einem Fall, als ein Schauspieler ein Buch las, das nichts mit der Rolle zu tun hatte, an der er arbeitete. Plötzlich bekam er das Gefühl, «sie ist da», aber das Buch interessierte ihn mehr, und er wollte das Bild ignorieren. Es gab einen regelrechten Kampf zwischen ihnen, doch das Bild war so stark, dass der Schauspieler zu lesen aufhörte und sich ihm geschlagen gab. Die Gewalt derartiger Imagination ist unglaublich. Sie ist stärker als eine reale Person, weil die Mittel, mit denen dieses Bild darauf besteht, mit dem Schauspieler zu verschmelzen, von solcher Natur sind, dass er sich nicht dagegen wehren kann.

Diese Imagination erfordert eine Form der Konzentration, die es uns ermöglicht, sozusagen den realen Körper zu verlassen, das Bild, das Ding oder das Geräusch zu «ergreifen» und damit zu verschmelzen. Während des Trainings ist es wichtig, auf keinen Fall die Konzentration zu verlieren. Natürlich wird das passieren, doch man kommt irgendwann an einen Punkt, an dem man es schafft, das Bild zu ergreifen und zu bewahren, ohne die Konzentration zu verlieren. Konzentrieren wir uns also auf ein Objekt und sind *bei* ihm. Dann können wir weiter rauchen und reden und behalten trotzdem eine kontinuierliche Verbindung.

KONZENTRATION

Ich kann mich zwingen, mich auf die einfachen Merkmale der Streichholzschachtel zu konzentrieren, aber das finde ich nur interessant, wenn es mit etwas anderem in Verbindung steht, das mich interessiert und erregt. Ich kann mich nicht richtig dafür interessieren, wenn es nur der simple Gegenstand ist.

Wenn das Objekt nur das Objekt bleibt, erfährt man keine Form entwickelter Konzentration. Dann wird es zu einem rein intellektuellen Vorgang des blossen Betrachtens.

Das sind nur zwei Spielarten dessen, was passiert, wenn Sie richtig konzentriert sind. Es gibt jedoch noch sehr viel mehr. Bei richtiger Konzentration erfahren Sie viele ganz unterschiedliche Dinge, bis Sie in der Lage sind, Ihr Ziel zu verfolgen. Sie müssen zahlreiche Räume durchschreiten, bevor Sie Ihre Konzentration wirklich im Griff haben. Am einen Tag können Sie diesen Weg einschlagen, am nächsten einen anderen, und jedes Mal finden Sie dabei weitere unterschiedliche Wege, alle davon sind richtig. Sie fangen beispielsweise mit einem einfachen Objekt an, und plötzlich haben Sie Ihre unmittelbare Zukunft vor Augen und halten sich für verrückt, aber weil Sie so tief in sich hineingegangen sind, sehen Sie sich in der Zukunft oder in der Vergangenheit. Sie können aber auch bei dem Bild bleiben und zwar so sehr, dass Sie es fast «ergreifen». Sie werden merken, dass das immer derselbe Vorgang ist.

Ich glaube, Konzentration bedeutet etwas anderes. Ich habe das Gefühl, meine Konzentration verliert sich, wenn ich mir gestatte, weiterzugehen.

Es geht hier gar nicht um die blosse *Fähigkeit* zur Konzentration. Entscheidend ist, was *durch* die Fähigkeit zur Konzentration bei Ihnen ankommt. Sie müssen in Ihrem Inneren unterscheiden können, ob Sie sich verheddern oder ob Ihre Konzentration auf ein Objekt Sie an einen angestrebten Punkt führt. Das hängt von Ihnen ab. Aus Ihrer Erfahrung heraus werden Sie wissen, ob Sie sich verheddern oder nicht.

Was ist der Beweis für Konzentration, wenn man derart unterschiedliche Erfahrungen macht? Woher wissen Sie, ob wir uns konzentrieren?

Ich kann nicht wissen, ob Sie sich konzentrieren, doch es gibt bestimmte Symptome, die es anzeigen.

Und man weiss es durch das jeweilige Ergebnis?

Ja. Wenn ich Ihnen einen praktischen Ratschlag geben darf: Lassen Sie *alles* geschehen, egal ob es richtig oder falsch ist, und machen Sie sich deswegen keinen Kopf. Haben Sie nur ein Ziel: aus sich herauszugehen, zu ergreifen, zu verschmelzen und festzuhalten. Nach ein paar Tagen wird das etwas Selbstverständliches sein, wenn Sie sich so konzentrieren, wie ich es vorgeschlagen habe. Alle Symptome entstehen bereits dadurch. Diese Fragen werden sich zu gegebener Zeit von sich aus erledigen.

Das mag etwas mit Tagträumerei zu tun haben. Mir wurde gesagt, sie sei falsch, aber Sie behaupten das Gegenteil. Wenn man sich bis zu dem Punkt konzentriert, an dem die Situation so konkret wird, dass man sie tatsächlich fühlt und darauf reagiert, ist das dann die richtige Art von Konzentration?

Nicht ganz. Das ist die Fähigkeit herumzutasten, aber noch nicht die, sich zu konzentrieren. Die Fähigkeit zur Konzentration besteht darin, Ihren Willen ausüben zu können. Das werden Sie nicht mit Tagträumerei verwechseln, wenn Sie nämlich nur in imaginäre Dinge hineingezogen werden, sind Sie das Opfer, nicht der Held. Ist es Ihr eigener Wille, sich zu konzentrieren und diesem Weg zu folgen, oder werden Sie nur durch zufällige Vorstellungen gelenkt?

Tagträumerei hat nichts mit unserer Art der Konzentration zu tun. Als ich Ihnen erzählte, die Rolle könne selbst gegen Ihren Willen vor Ihnen erscheinen, dann ist das keine Tagträumerei, sondern das Resultat einer besonders entwickelten Imagination und Konzentration. Das Bild entsteht aus Ihrem eigenen Willen, deshalb sind Sie dagegen wehrlos. Wenn Sie die Übungen machen, werden Sie sehen, wie viele Dinge sich rein durch das Bemühen um Konzentration klären. Sie kommen ganz schnell in die Lage, zwischen richtig und falsch zu unterscheiden.

Ich bin mir unsicher über das Ziel der Konzentration. Mir scheint, wenn ich versuche, mich zu konzentrieren, dann mit der Absicht, freizusetzen, was auch immer passieren möge. Vielleicht passiert nicht viel als Ergebnis dieses Prozesses, aber er zeigt, dass man innerlich erwacht.

Das stimmt, es besteht jedoch eine Gefahr. Stellen wir uns beispielsweise vor, jemand hypnotisiert eine andere Person. Dafür braucht man eine sehr starke Konzentration, und man muss *sehen* können, was der Betreffende *tun* soll. Dann steht er sofort auf und tut es. Aber mittendrin denken Sie vielleicht an seine Schwester, und während Sie sich noch im Prozess der Konzentration befinden, geht das Ziel verloren. Es ist eine Frage Ihres eigenen inneren Haushalts, auf was Sie abzielen. Vielleicht wollen Sie sich ja auch ein wenig verheddern, kein Problem. Oder Sie wollen sich mit dem Objekt verbinden. Dann tun Sie das.

Es ist Ihre Angelegenheit, wie Sie diese Vorstellungskraft nützen. Vielleicht wollen Sie von etwas eine besonders starke Vorstellung haben. Sie konzentrieren sich auf das Bild und folgen ihm. Oder Sie konzentrieren sich mit einem ganz anderen Ziel, Sie strahlen Ihre Gefühle von der Bühne herunter aus. Das können Sie benutzen, um Kontakt mit Ihren Mitspielern herzustellen oder um dem Publikum bei Ihrem ersten Auftritt anzudeuten, was am Ende des Stücks mit dem Protagonisten passieren wird. Mittels starker Konzentration können Sie ihm das sagen. Wenn ich etwa König Lear spiele, bin ich am Anfang derb und ungezügelt, aber ich kann einen einzelnen Funken in Richtung Publikum senden, und es ahnt den «Heult, heult, heult!»-Moment mit der toten Cordelia.

Für alle diese «Tricks» *müssen* Sie Konzentration verwenden. Ohne sie funktioniert überhaupt nichts, aber natürlich bestehen dabei auch Gefahren. Anstatt einer klaren Linie zu folgen, fangen Sie vielleicht an, sich zu verheddern. Alle diese Gefahren werden deutlich, wenn Sie die Geduld haben, trotz der vermeintlichen Schwierigkeiten weiter zu machen.

Ich habe den Eindruck, bei den Anwesenden hier im Raum gibt es einen grossen Unterschied im Konzentrationsniveau, wir haben jedoch keine Grundkenntnisse darüber, wie gut unsere Konzentration ist. Mir scheint, da müsste es noch etwas geben. Sie müssten in der Lage sein, über irgendeine Form der Analyse einschätzen zu können, wie gut unsere Konzentration ist.

Meine Hilfe benötigen Sie dabei immer weniger, weil das Bemühen um Konzentration Sie selbst viel mehr lehren wird, als ich Ihnen zu beschreiben vermag. Natürlich kann ich Ihnen eine Reihe weiterer Übungen geben, aber entscheidend ist Ihre praktische Erfahrung dabei. Stellen Sie sich etwa einen Stuhl vor und versuchen Sie den Stuhl, ohne jeden Bruch in Ihrer Aufmerksamkeit, in eine Kuh zu verwandeln. Sehr schwierig! Schrecklich schwierig! Oder stellen Sie sich vor, Sie giessen Tee in eine Tasse, und kehren Sie dann den Vorgang um. Stellen Sie sich vor, Sie gehen rückwärts. In Wirklichkeit ist das nicht schwer zu machen, doch in Ihrer Vorstellung benötigen Sie dazu eine enorme Konzentrationskraft.

Wenn Ihnen bei diesen Übungen der Schädel brummt, stimmt etwas nicht. Echte Konzentration beschäftigt das Gehirn überhaupt nicht, wird Ihnen also der Kopf schwer, hören Sie lieber auf. Je mehr wir uns dem Objekt zu nähern versuchen, desto stärker wird das Gefühl, der Kopf habe nichts damit zu tun. Echte Mathematiker rechnen, ohne ihr Gehirn zu benutzen. Sie arbeiten mit unterschiedlichen Teilen ihres Wesens und deren spezifischen Fähigkeiten. Nur wenn man die Arithmetik erst erlernt, ist man müde, weil man noch nicht über die nötigen Mittel verfügt. Lediglich das erste Stadium unserer Übungen beschäftigt das Gehirn, und es darf nicht übermüdet werden. Nehmen wir noch einmal das Beispiel der Liebe. Der Liebe können Sie nicht müde werden, wenn es eine glückliche ist. Sie werden zunehmend davon inspiriert. Genauso ist es mit der Konzentration. Wenn sie stimmt, werden Sie dadurch jünger und stärker.

Ich habe einen Sketch im Kopf. Beginnen wir mit einer allgemeinen Atmosphäre, anschliessend teilen wir den Sketch in kleinere Einheiten auf, bestimmte einfache Situationen entstehen, und der Sketch wächst von sich aus und wird zu einem

Stück. Wir fangen in der nächsten Stunde wirklich am Nullpunkt an, zu schaffen. Dann werde ich Ihnen erzählen, warum wir diesen überraschenden Weg gehen, um zu einer eigenständigen künstlerischen Leistung zu gelangen.

Dritte Unterrichtsstunde

Wie sollen wir unsere Emotionen und unsere Körper entwickeln?

14. November 1941

DIE SCHÖPFERISCHE INDIVIDUALITÄT UND DER «LAIE»

Wie sollen wir unsere Emotionen und unsere Körper entwickeln? In dem Moment, wo wir glauben, es gebe eine schöpferische Individualität und eine andere, die wir den «Laien» nennen, sind wir schon mitten im Kampf gegen den «Laien», der unsere Stimme, unseren Körper und unsere Emotionen gebraucht und missbraucht. Dies ist der Moment, an dem Sie sich entscheiden müssen, ob Sie einfach so weitermachen oder sich an der Schule und durch unsere Diskussionen ausbilden wollen.

Wenn wir verstehen, dass es zwei Arten von Individualität gibt – eine gegen den kreativen Prozess und eine für ihn – ist dieses Wissen bereits von sehr grosser Bedeutung. Sobald wir wissen, es gibt zwei und welche davon wir akzeptieren und welche wir ablehnen, ist das eine grosse Kraft, die die schöpferische Individualität stärkt und den «Laien» in uns schwächt. Indem wir unseren Körper, unsere Stimme, unsere Emotionen entwickeln, beginnen wir, eine schauspielerische Technik zu erarbeiten, und sobald wir die haben, können wir mit dem kreativen Prozess beginnen – und worin besteht dieser?

ATMOSPHÄRE

Wenn die schöpferische Individualität aktiv zu werden beginnt, was passiert dann zunächst? Zuerst fühlt sich die schöpferische Individualität umgeben von der Atmosphäre unserer zukünftigen Arbeit, wie auch immer die aussehen mag. Jedenfalls wissen wir, dass uns diese konkrete Atmosphäre auf produktive Art beunruhigt. Haben wir eine bestimmte Rolle und mögen sie nicht – woran liegt das? Daran, dass die Atmosphäre und die Rolle kollidieren. Es ist egal, ob uns diese allgemeine Atmosphäre bewusst ist oder nicht, sie teilt uns unmissverständlich mit: «Nein, das ist nicht, was ich will.» Oder wir wollen vielleicht mehr tragische bzw. mehr melodramatische Rollen spielen. Was heisst das? Es kommt von einer allgemeinen Atmosphäre, die man sein ganzes Leben lang als schöpferische Individualität in sich trägt. Sie diktiert uns als Schauspielern, was wir zu spielen haben.

Natürlich gibt es Menschen, die viele Atmosphären besitzen, die sich im Lauf der Zeit verändern, aber dennoch ist immer eine einzelne Grundatmosphäre vorhanden. Man kann etwa ein Komiker sein wollen, bekam allerdings nie die Gelegenheit dazu, und diese Komiker-Atmosphäre bleibt unbefriedigt. Das war bei mir der Fall. Ich erhielt nie die Gelegenheit, meine clowneske Seite zu zeigen. Stattdessen spielte ich Hamlet und ähnliche Rollen, die keinen Raum für Komik boten. Erst später fiel mir auf, dass ich auf andere Weise doch den Komiker spielte.

Wir müssen diesen Atmosphären gerecht werden und können sie nicht vermeiden. Es ist unmöglich, eine Atmosphäre zunichte zu machen, die einen umgibt. Wir müssen sie fühlen, und wenn wir wissen, dass sie immer da ist, bedeutet dieses Wissen einen grossen Unterschied für uns. Wenn ich weiss, ich bin ein Komiker, macht mir dies das Leben leichter.

DIE TECHNIK, DEN TEXT ZU LESEN

Jeder *kreative Akt* beginnt mit *Atmosphäre*, wie verborgen und obskur sie auch sein mag, sie steht immer am Anfang. Deshalb begehen wir einen grossen Fehler, wenn wir die Arbeit an einer Rolle damit beginnen, sie mit den Ideen und den Ereignissen der Handlung des Stücks im Hinterkopf zu studieren. Dann fangen wir nämlich an einem für den kreativen Prozess falschen Punkt an. Wir beginnen genau mit dem, bei dem wir schliesslich ankommen müssen. Unser *Endpunkt*, das Ergebnis, wenn wir mit unserer Rolle weit genug gekommen sind, wird das geschriebene Stück sein. Dann sind wir fähig, es zu lesen und zu verstehen, was dahinter steht, aber wir dürfen nicht mit einem oberflächlichen Verständnis davon beginnen, wer mit wem über was spricht und was wann passieren wird. Dieser Ansatz macht uns irgendwie trocken, langweilig und auf falsche Weise professionell; er vernichtet nicht nur die Atmosphäre dieses spezifischen Stücks, sondern beeinträchtigt auch unsere eigenen Atmosphären.

Wenn wir mit der Lektüre des Textes anfangen, habe ich das Gefühl, das Stück zu verstehen, doch ich verliere mich selbst. Je mehr ich das Stück lese, den Text, desto besser *verstehe* ich ihn, aber desto mehr verliere ich auch das Interesse, zu spielen. Ich beginne an die Inszenierung zu denken, welche Kostüme ich tragen werde, wie hoch meine Gage ist und wie ich so schnell wie möglich von der Probe verschwinde. Wir sind deswegen immer noch Künstler, aber wir fangen mit der falschen Sache an, was das Wichtigste beeinträchtigt: unsere von Atmosphären umgebene Individualität.

Was müssten wir stattdessen tun? Wir sollten damit anfangen, das Stück zu lesen, jedoch die Gedanken darin sowie die Logik dahinter ignorieren und einfach alles über Bord werfen, was wir über das Stück wissen. Bevor wir beginnen, an *Romeo und Julia* zu arbeiten, müssen wir alle Vorkenntnisse wegwerfen, von neuem anfangen und lernen, die Atmosphären zu geniessen. Lesen Sie den Text ruhig immer wieder, Szene für Szene. Sofern Sie damit ihren Hunger nach der Atmosphäre des Stücks befriedigen, ist jede Art der Lektüre richtig, aber vielleicht brauchen Sie auch gar keine Lektüre.

DIE SCHÖPFERISCHE INDIVIDUALITÄT – DER KÜNSTLER

Ich habe ein kleines Schaubild vorbereitet:

1.) Die schöpferische Individualität steht hoch über allem, und unser unentwickelter Teil ist dort unten.
2.) Dann kommt die schöpferische Individualität umgeben von den Atmosphären.
3.) Dann kommt unsere Technik, wenn wir versuchen, die Notwendigkeit für Atmosphäre zu befriedigen.

SICH DAS STÜCK VORSTELLEN

Wenn wir zum Beispiel *Romeo und Julia* herausbringen, lesen wir zunächst das Stück mehrfach und erzeugen seine Atmosphäre in unseren Köpfen und Seelen. Der nächste Schritt in der Lesephase besteht darin, den Text zu sehen, ihn sich vorzustellen, nicht ihn zu verstehen, sondern ihn sich *vorzustellen*. Das macht deutlich mehr Spass, als zu lesen und seinen Text auswendig zu lernen. Man stellt sich alle Ereignisse und die Figuren vor; ob sie dabei schon sehr differenziert oder noch eher plump sind, spielt keine Rolle, Hauptsache, man vermeidet den Fehler, sich das Stück nie richtig vorzustellen.

Wenn Sie sich zum Beispiel die Balkonszene vorstellen, haben Sie zahlreiche Bilder aus anderen Inszenierungen vor Augen. Ihre Vielzahl wird Sie irritieren, doch schliesslich werden Sie sie aus dem Kopf bekommen.

Das dritte Stadium besteht darin, sich das ganze Stück vorzustellen: Sätze, Worte, Einzelheiten usw. Diese Art der Imagination wird völlig von der Atmosphäre angeregt. All die Bilder, die kommen, egal ob plump oder kompliziert, werden in vollem Einklang mit der Atmosphäre von *Romeo und Julia* sein, die wir während des Lesens entdeckten oder erzeugten.

Die Atmosphäre muss sich parallel zu unseren täglichen Proben entwickeln. Darauf müssen wir uns einstellen. Indem Sie sich *Romeo und Julia* vorstellen und vor allem Ihre Rolle darin, müssen Sie in immer deutlicheren Einzelheiten all das entwickeln, was Sie spielen werden. Je mehr Details, desto besser. Sie *spielen* also in Ihrer Imagination Ihre eigene Rolle sowie auch andere Rollen, soweit das zur Klärung Ihrer eigenen beiträgt.

DER SCHAUSPIELER ALS REGISSEUR

Jeder Schauspieler muss auch Regisseur sein, zumindest innerlich, und er muss die Psychologie des Regisseurs kennen. Das bedeutet, der Schauspieler, der mit einer Rolle besetzt wird, muss in der Lage sein, auch alles um diese herum zu sehen. Er muss sich die ganze Aufführung vorstellen können oder zumindest wissen, wie er selbst das Stück inszenieren würde. Die Inszenierungsweise eines Broadway-Regisseurs unterscheidet sich natürlich stark von unserer, aber das ist ein unwichtiger Gegensatz.

Wichtig ist, dass wir ein Auge haben, das mehr sieht als nur unsere eigene Rolle. Wenn Sie sich *Romeo und Julia* und Ihre eigene Rolle vorstellen, müssen Sie das gleichzeitig für die ganze Inszenierung um sich herum tun. Die Atmosphäre von *Romeo und Julia* gestattet Ihnen nämlich nicht, sich auf Ihre eigene Figur zu beschränken. Sie wird zunehmend kreativ und fordernd. Um ihr Genüge zu leisten, müssen Sie sich auch alles andere vorstellen.

DIE SCHÖPFERISCHE INDIVIDUALITÄT

Ganz schematisch passiert Folgendes: Erst ist da die schöpferische Individualität umgeben von der Atmosphäre, und dann reichern Sie die Atmosphäre mit immer mehr Bildern und Details an. Der Ausgangspunkt waren unsere unentwickelten Emotionen und Körper. Doch wenn wir anfangen, unsere Technik zu entwickeln, entsteht etwas, das uns hilft, unsere imaginäre Darstellung umzusetzen. Wenn die Vorstellungskraft in immer stärkeren Details entwickelt wird, brauchen Sie nicht nur eine gute allgemeine Technik, sondern eine bestimmte Technik für eine bestimmte Rolle. Die Technik für Don Quichotte ist eine andere als die für Faust, die Technik für König Lear ist eine andere als die für Cordelia. Das ist eine sehr vergnügliche Angelegenheit für unsere schöpferische Individualität, für den Künstler in uns.

Diese besondere Technik muss bei der Vorbereitung auf eine Rolle jeweils neu entwickelt werden. Wir müssen zum Beispiel herausfinden, wie König Lear sich bewegt, weil niemand sonst auf der Welt das auf vergleichbare Weise tut. Dasselbe gilt für Ophelia. Man braucht für König Lear eine besondere Technik, einen besonderen Körper, eine besondere Stimme.

DIE STIMME DES SCHAUSPIELERS

Wir machen einen grossen Fehler, wenn wir immer wieder unsere eigene Stimme für jede Rolle verwenden. Vielleicht geschieht das wegen fehlender Vorstellungskraft, fehlendem Interesse an der Figur, fehlender Zeit, aber es ist einer der grössten Schwachpunkte des gegenwärtigen Theaters. Wir sprechen «allgemein» und so sehr auf einem Ton, als hätten wir das Gefühl für die Stimme verloren und lieferten nur Gedanken, Manierismen, Ideen. Wir hören weder unsere eigene Stimme, noch die unseres Partners. Wir *hören* überhaupt nicht viel, wir verstehen es, doch wir hören es nicht. Nur wenn sich unsere Stimme plötzlich verändert, bemerken wir, dass es nicht unsere normale Stimme ist. Auf der Bühne wäre es eigentlich unsere Pflicht, für jede Rolle eine neue Stimme zu finden. Wenn wir Cordelia, Ophelia oder Maria mit unserer eigenen Stimme spielen, ist das dramaturgisch falsch.

Dadurch können wir die Stimme der Figur nicht hören, wenn wir ihr zuzuhören versuchen; wie sie spielt und wie sie spricht stehen in krassem Gegensatz. Jemand anderes spricht gewissermassen von hinter ihrem Rücken aus. Es gibt Schauspieler, die sprechen falsch, andere bewegen sich falsch, und wieder andere forcieren ihre Emotionen. Aber wenn wir uns die Stimme Julias in all ihren Modulationen vorstellen, erwacht in uns der Wunsch, diese imaginäre schöne Stimme nachzuahmen. Dann müssen wir an unsere eigene Stimme appellieren, um herauszufinden, ob sie das schafft, und das ist eine Frage der Technik.

Es stellt sich also die Notwendigkeit einer bestimmten Technik, einer bestimmten Stimme, eines bestimmten Körpers und einer bestimmten Gefühlsmischung. Das macht das Individuelle lebendiger. Die Atmosphäre umgibt alle Bilder, die Bilder entstehen, und die allgemeine Technik wird zu einer besonderen.

INSPIRATION

Wenn wir unsere besondere Technik für die jeweilige Rolle entwickelt und alle unsere Bilder damit verarbeitet haben, müssen wir auf das letzte Stadium warten, das von selbst eintritt. Und dieses Stadium nennen wir die *Inspiration.*

Inspiration kommt, wenn alles andere vergessen ist: die Methode, die Technik, die Rolle, der Autor, das Publikum, alles.

Dann geschieht ein Wunder. Das Stück und die Rolle beginnen unabhängig von uns selbst zu existieren. Jeder von uns erkennt diesen angenehmen Zustand sofort. Es handelt sich um einen Moment von derartiger Grösse und Stärke, dass er mit nichts anderem verwechselt werden kann.

INSPIRIERTES SPIELEN

Es ist der Moment der Inspiration, wenn die Figur, angeregt durch die richtige Atmosphäre und vorbereitet durch gewissenhaftes Imaginieren, im Einklang mit der schöpferischen Individualität nicht mehr dort ist und wir hier. Alles wird dann ein einziges harmonisches psychologisches und physisches Ganzes. Es ist das Ereignis, für das wir zum Theater gegangen sind. Wir haben unseren Beruf gewählt, weil unsere künstlerische Individualität diese Inspiration vorherahnte. Das ist der Anfang unserer Karriere, der Traum von unserem Beruf, und er muss auch an seinem Ende stehen. Dazwischen liegen Arbeit, Technik und Mühe, die Voraussetzungen für dieses harmonische Ganze.

IMPROVISATION

Jetzt werden Sie hoffentlich meinen Vorschlag akzeptieren, dass wir unseren Sketch ganz methodisch beginnen. Zuerst die Atmosphäre, danach Ausarbeitung und Technik, und schliesslich kommt der Moment der Inspiration. Deshalb beginnen wir unseren Sketch mit Atmosphäre. Ich werde Ihnen bestimmtes Material für Ihre Vorstellungsarbeit geben, und wir werden untersuchen, was *die Logik des kreativen Prozesses* sein sollte.

Ich habe ein Thema im Kopf, das ich bis zur Aufführung bringen will. Im Moment bin ich der Einzige, der es kennt, und wir werden schrittweise zu seiner Umsetzung kommen.

ATMOSPHÄREN FÜR DEN SKETCH

Die erste Atmosphäre soll folgende sein: Früher Morgen, ganz früher, vor dem Morgengrauen, in einer verdreckten, völlig heruntergekommenen Kneipe. Alle Anwesenden sind sehr betrunken, sie haben die Nacht durchgezecht. Alle sind müde und erschöpft, Prostituierte und Matrosen. Alles was passieren kann, ist passiert. Sie sind erschöpft, enthemmt, schwach, übermüdet – es ist der reinste Albtraum. Es gibt vereinzelte Versuche, die Lieder weiter zu singen, die man die ganze Nacht sang – überall Disharmonie. Sattheit. Getrunken wird nur noch lustlos. Einige Ausrufe, einige Versuche, zu singen, nichts Vernünftiges, alles müde und stickig. Das ist die Atmosphäre.

Unternehmen Sie den Versuch, sich die Atmosphäre um sich herum vorzustellen, aber versuchen Sie, nichts zu *fühlen*. Fühlen werden wir, sobald die Atmosphäre da ist. Wenn Sie sich die Atmosphäre um sich herum vorstellen, seien Sie offen dafür. Zwingen Sie sich jedoch nicht dazu und seien Sie einfach offen für diese träge Atmosphäre. Jetzt bewegen Sie sich ein wenig im Einklang mit ihr. Wenn Sie diese kleinen Bewegungen ausführen, vermeiden Sie es, ihren Sinn zu analysieren. Haben Sie kein anderes Ziel, als sich im Einklang mit der Atmosphäre zu bewegen. Gestatten Sie Ihrem Intellekt nicht, Sie in diesem Augenblick zu beherrschen.

Jetzt, während Sie diese Bewegungen ausführen, sagen Sie einfach das Wort «Also», das auch zur Atmosphäre passen muss. Dann stehen Sie auf, wie um nach Hause zu gehen, und lassen sich wieder fallen. Immer im Einklang mit der Atmosphäre. Jemand fängt undeutlich zu singen an, andere versuchen einzustimmen, lassen es dann wieder. Die Matrosen und Prostituierten suchen sich einen Partner, und sie sitzen zusammen. Sie waren körperlich so intensiv zusammen, dass sie nicht getrennt werden können. Er: «Seit wann bist du denn hier?»

Sie: «Seit acht Jahren.» Beide sind völlig gleichgültig. Jetzt lassen Sie die Atmosphäre.

Nehmen Sie nun den Moment mit der grössten Aktivität: singen, trinken und sich küssen. Es ist die Atmosphäre derselben Kneipe, dasselbe stinkende, dreckige, niedrige moralische Level. Es ist Nacht, und alle Teufel sind da. Enthemmte Atmosphäre, sehr aktiv. Eine Atmosphäre erfüllt von heisser Liebe, berechnender Liebe, kein Hass. Der Kapitän ist mit einem Mädchen da. Er sagt den anderen Matrosen, sie müssten um sechs Uhr auf dem Schiff sein. Sie versuchen, sich einen Anschein von *Disziplin* zu geben.

Es gibt zwei Atmosphären für diesen Sketch, die Sie zu Hause üben können. Stellen Sie sich die Luft um Sie herum erfüllt von diesen Atmosphären vor. Versuchen Sie, sich darin zu bewegen und darin zu sprechen, zuerst in der einen, dann in der anderen.

GESPÜR FÜR LEICHTIGKEIT

Es gibt vier Qualitäten, die jeder Künstler so stark in sich entwickelt haben muss, dass sie immer abrufbar sind. Egal welche Rolle, egal welcher Moment dabei, diese vier Qualitäten machen den kreativen Künstler aus. Eine davon nennen wir das *Gespür für Leichtigkeit*, weil es eine sehr starke Empfindung der Leichtigkeit und Lockerheit ist.

Es bedeutet: Auch wenn wir auf der Bühne etwas schrecklich Schweres und Unangenehmes erleben, muss das zwar entsprechend vermittelt werden, aber immer auf künstlerisch leichte und lockere Weise. Dann können wir es geniessen, und verstehen sehr viel besser, was hinter einer Darstellung steckt, die von diesem Gespür für Leichtigkeit durchdrungen ist. Wenn wir etwa eine besonders bedrückende Sache mit einem

Gespür für Leichtigkeit zeigen, dabei leicht und locker in unseren Muskeln und unserer Psyche sind, ist es auch für das Publikum angenehm. Sind wir dagegen selbst bedrückt und angespannt, entsteht auch für das Publikum ein unangenehm bedrückender Eindruck. Solche Anstrengungen machen das Publikum und die Schauspieler krank. Wenn zwei Männer im Ernst auf der Bühne kämpfen, kann man gar nicht hinschauen. Kämpfen sie dagegen mit dieser Fähigkeit zur Leichtigkeit, wird es zu einer künstlerischen Angelegenheit.

Nehmen wir das Beispiel von Michelangelos *Moses*. Daran sehen Sie, wie tief jede Falte im Gesicht ist, die Schwere der Nase, der Haare, der Kleidung – und doch gleichzeitig wie leicht. Betrachten Sie es aus diesem Blickwinkel: Die schwersten Dinge sind mit einem magischen Gespür für Leichtigkeit ausgedrückt.

Ein anderes Beispiel: Arbeiter müssen dieses Gespür für Leichtigkeit beim Benutzen ihrer schweren Werkzeuge haben. Ohne dieses Gespür und den richtigen Rhythmus könnten sie ihre Arbeit nicht machen. Die Natur selbst zwingt sie sofort dazu. Also ist diese erste Qualität für uns alle von Nutzen. Sie macht den Schauspieler auf der Bühne doppelt glücklich und das Publikum sogar noch glücklicher, wenn es ihm zusieht. Das hat nichts mit Philosophie zu tun, es ist einfach ein Gespür für Leichtigkeit. Man fühlt sich leicht, wenn man gut gelaunt ist und schwer, wenn man schlecht gelaunt ist.

ÜBUNG

Suggerieren Sie sich, Ihr Körper sei schwerelos. Heben Sie einfach den Arm und wünschen Sie sich, leichter und lockerer zu werden. Diese einfache Übung kann zu grossartigen Ergebnissen führen. Schaffen wir es, uns mit einem Gespür für Leichtigkeit zu bewegen, hat das Auswirkungen auf unsere Psyche. Viele Erfahrungen gehen zurück auf diesen Versuch, ein Gespür für Leichtigkeit zu erreichen. Versuchen Sie, das Gewicht Ihres Körpers zu verlieren.

Es gibt immer eine kurze Vorbereitung auf die Bewegung. Suchen Sie dafür Ihren eigenen natürlichen Rhythmus. Empfinden Sie Ihre Arme als Flügel. Machen Sie das nun doppelt so schnell, und noch einmal doppelt so schnell. Dann tun Sie es nur in Ihrer Vorstellung. Wenn wir die Arme und Hände nicht bewegen und uns daran gewöhnen, unsere imaginären Arme und Hände zu benutzen, erkennen wir, dass wir nur unsere sichtbare Hand mit unserer unsichtbaren «nehmen» müssen, und sie verliert völlig ihr Gewicht. Die *unsichtbare* Sache ist die *künstlerische.* Das ist das Gespür für Leichtigkeit.

Jetzt sagen Sie das Wort «Also» mit diesem Gespür für Leichtigkeit. Es trägt unsere Stimme und macht sie sehr viel hörbarer.

Vierte Unterrichtsstunde

Theorie und Praxis

17. November 1941

THEORIE UND PRAXIS

Vielleicht besitzen Sie die Freundlichkeit, alle meine theoretisch-abstrakten Ausführungen als Dinge zu betrachten, die richtig verarbeitet völlig praktisch sind. Wenn wir sie nur als Theorie auffassen, nützen sie uns natürlich überhaupt nichts für unsere professionelle Arbeit am Broadway. Nehmen wir sie jedoch als Anregung für unsere Bühnenpraxis und verarbeiten sie, ist das etwas ganz anderes. Alles hängt davon ab, wie wir diese scheinbar theoretischen Dinge anwenden. Bei einigen geht das leichter als bei anderen. Zum Beispiel bei der Atmosphäre. Sie kann von jedem Schauspieler auf der Bühne benutzt werden. So werden Sie verstehen, dass ich Ihnen nichts vermittle, das nur rein theoretisch ist.

AUSDRUCKSSTARKES ODER AUSDRUCKSSCHWACHES SPIEL

Ich werde Ihnen auch bestimmte Mittel an die Hand geben, die überall funktionieren, fast wie «Tricks», und die Ihr Spiel ausdrucksstärker machen. Den Studierenden in meiner Schule verrate ich sie noch nicht, obwohl es sich eigentlich nicht um «Tricks» handelt, aber für uns mögen es welche werden, wenn

Sie sie anwenden. Wir wissen, dass Atmosphäre auf der Bühne benutzt werden kann, dass das Gespür für Leichtigkeit benutzt werden kann und sogar muss, und dass beide das Spiel ausdrucksstärker machen. Jetzt gebe ich Ihnen noch etwas an die Hand, das alles auf der Bühne noch ausdrucksstärker werden lässt.

Unser Spiel wird schwächer im Ausdruck, sobald wir die simple Tatsache vergessen oder vernachlässigen, dass der Mensch – und der Schauspieler ist der gesteigerte, vergrösserte Mensch – eine bestimmte Fähigkeit besitzt: Wenn wir etwas tun oder sagen, können wir unser Reden oder unsere Aktion und selbst unsere Emotionen ganz abrupt unterbrechen, um so schnell wie möglich zum nächsten Wort oder zur nächsten Aktion zu kommen. Das abrupte Abwürgen oder Kappen von Wort, Emotion oder Aktion verkrüppelt den Menschen, und den Schauspieler verkrüppelt es doppelt. Die ausdrucksloses-ten Aufführungen sind die, bei denen die Schauspieler ihre Worte, ihre Emotionen, ihre Aktionen, ihre Handlungen zu früh abbrechen. Diese kleine Tatsache macht ihr Spiel entweder ausdrucksstark oder ausdrucksschwach. Wir werden das an einigen Beispielen und Übungen erläutern.

Sagen Sie jetzt «Ja» auf eine Weise, dass danach noch etwas kommt, als würden Sie eine Geste mit Ihrem Arm und Ihrer Hand anschliessen. Sagen Sie das Wort «Ja» und führen Sie die Geste aus. Dann sagen Sie «Nein» mit einer darauffolgenden Geste. Halten Sie sie. Jetzt wenden Sie einfach den Kopf, als habe man Sie gerufen.

AUFRECHTERHALTEN

Ein anderes Beispiel. Stehen Sie von Ihrem Stuhl auf und setzen Sie den Vorgang fort, selbst wenn Sie schon stehen. Das

Wesen des Schauspielers erfordert diese Art des *Aufrechterhaltens*. Es kann eine lange gehaltene Pause werden. Auf der Bühne gibt es keine Pause ohne dieses Aufrechterhalten. Um die Pause halten zu können, muss man diese Fähigkeit entwickeln, weiterzumachen, ohne es tatsächlich zu tun. Sagen Sie jetzt das Wort «Was» und gehen Sie in eine lange gehaltene Pause. Versuchen Sie, in sich genügend Selbstvertrauen zu finden, diese Pause eine sehr lange Zeit zu halten. Sie werden sehen, wie vergnüglich das ist: Das «Gericht» ist gut, aber die «Würze» verschafft den Genuss. Dieses Halten ist die «Würze». Stehen Sie jetzt auf, sagen Sie das Wort «Was» und halten Sie es. Es kann nicht völlig verklingen, weil wir Schauspieler sind. Ein Nichtschauspieler wird nicht verstehen, wovon wir sprechen, aber unser schauspielerisches Wesen verlangt danach. Brechen wir dagegen zu früh ab, erfüllt uns dies mit Leere und Scham.

Wenn wir diese Fähigkeit entwickeln, aufrechtzuerhalten, was wir wollen und solange wir es wollen, haben wir einen der erwähnten «Tricks» entdeckt. Wiederholen Sie es jetzt, wobei Sie es so kurz wie möglich machen und trotzdem den Gedanken bewahren, es aufrechtzuerhalten. Versuchen Sie, den Unterschied herauszufinden zwischen dem abrupten Abbrechen und einem zumindest kurzzeitigen Halten. Handelt es sich um eine längere Phase des Haltens, ist es ziemlich deutlich, aber wir müssen den Mut haben, es nur für einen Augenblick zu halten, und auch dann ist die «Würze» da. Das betrifft alles, was wir auf der Bühne tun: Worte, Emotionen, Bewegungen, Zuhören, Sprechen, alles kann auf der Bühne auf diese Weise getan werden und sollte eigentlich auch gar nicht anders getan werden. Alle anderen Mittel sind unkünstlerisch.

Es gibt Momente auf der Bühne, wenn wir einen Satz abrupt beenden müssen, aber selbst dann müssen wir es auf eine Weise spielen, dass noch ein kleiner «Nachklang» für uns und das Publikum bleibt. Stellen Sie die Frage: «Warum machen Sie das?» Tun Sie es zunächst als ganzen Satz und halten es. Dann sagen Sie «Warum machen Sie...?» und unterbrechen Sie, als sei etwas passiert. Unterbrechen Sie für das Publikum, aber nicht für sich selbst. Wenn ich tatsächlich abrupt abbreche, bleibt kein Nachklang. Ich kann aber auch die Illusion haben, ein anderes «Ich» sei immer noch da und folge mir sogar. Das ist genau das, was wir brauchen. Als Schauspieler machen wir das ständig auf der Bühne, und ich versuche nur, es Ihnen bewusst werden zu lassen. Wie ich vor kurzem sagte: Alles ist in unserem schauspielerischen Wesen vorhanden, ich muss Sie nur darauf hinweisen.

DIE VORBEREITUNG ODER VORERWARTUNG

Der Prozess des Aufrechterhaltens ist etwas, das auf unsere Aktionen, unser Sprechen usw. folgt, es gibt jedoch einen weiteren Prozess des Haltens, der ihm vorausgeht und genauso wichtig ist. Bevor ich frage, «Was», muss ich bereits beginnen. Bevor ich spreche, muss ich innerlich ansetzen, nicht unvermittelt, abrupt und trocken. Das geht auch mit einer Geste. Jedes kleine Wort oder Geräusch, jede lange Rede oder Handlung wird dadurch von etwas rein Künstlerischem gerahmt, das allem, was wir auf der Bühne tun, Leben einhaucht. Ohne diese vorausgehende und nachfolgende Luft wird alles trocken und leblos. Wiederholen wir die Übung mit «Was». Um sie noch klarer zu machen, fangen Sie mit der rechten Hand an und setzen Sie sie mit der Linken fort. Jetzt tun Sie dasselbe mit der Aufstehübung. Erst die innere Geste der Vorbereitung, dann aufstehen, dann halten.

DIE PAUSE

Die Pause auf der Bühne – im Sinne, dass nicht gesprochen wird – folgt einer bestimmten Aktion. Sie kann nicht als reine Pause existieren und ist immer das Resultat von etwas Vorausgegangenem oder die Vorbereitung auf etwas Folgendes. Dann ist sie eine Pause im theatralischen Sinne. Deshalb zerfällt sie auf der Bühne in verschiedene Teile. Sie muss etwas fortsetzen oder etwas vorbereiten, aber die schönsten Pausen sind die, die etwas fortsetzen und dann zum Wendepunkt für die Vorbereitung eines neuen Vorgangs werden. Natürlich gibt es auch Pausen, die nur eine Fortsetzung sind und enden, bevor eine neue Aktion erfolgt.

ÜBUNG

Sagen Sie zuerst «Nein», und die Pause setzt dieses «Nein» fort, dann, wenn ich Ihnen den Wendepunkt ansage, bereiten Sie das Wort «Ja» vor, das das Ergebnis des zweiten Teils der Pause sein wird. Jetzt wiederholen Sie die Übung: Vorbereitung für «Nein», Halten, Wendepunkt der Pause, Vorbereitung für «Ja», es aussprechen und halten.

Wenn wir über bestimmte «Tricks» verfügen, folgt uns das Publikum total und ohne Nachfragen.

IMPROVISATION

Lassen Sie uns an dem Sketch arbeiten, der Szene in der Kneipe, der Abfolge von Atmosphären. Wie ein Haufen Ameisen trinken die Leute in der Kneipe, sie reden und bewegen sich in der allgemeinen Atmosphäre von Chaos. 1) Sinnlose Aktivität – Chaos. 2) Die Atmosphäre wird strukturiert, und alle singen, sind gefangen genommen von dem Lied – Harmonie – Erregtheit, Aktivität, Sehnsucht nach Liebe usw. 3) Der Moment, wenn der Kapitän den *Befehl* erteilt – ein kurzer Augenblick desorganisierten Lebens, ein *unangenehmer* Schock. 4) *Intimes Leben* – intime Gespräche – Geheimnisse – gedämpft – müde und erschöpft. Dieses ersterbende Leben führt zu einem Diminuendo – *romantisch.* 5) *Skandal – Streit – Kampf* zwischen dem Matrosen und seiner Geliebten. Unterbrechen der Aktion zwischen dem Mädchen und dem Matrosen – Achtung – *nahendes Desaster* – lange Pause. 6) Auf die Pause folgt *Mitgefühl*, das sich in Form von *Spott* entwickelt und dem Aufziehen des Matrosen, der entnervt und deprimiert ist – wie ein verfolgtes Tier. Diese Atmosphäre ist freundlich und warm, doch der Eindruck täuscht. Der Matrose erhält einen Schlag nach dem anderen, und er weiss nicht, wie er sie parieren soll. *Freundlich.*

Wenn wir mit der richtigen Atmosphäre beginnen und ihr folgen, sie dann aber verlieren und weiterspielen, wobei wir die Atmosphäre vergessen haben, führt uns das zu einer falschen Art des Ausdrucks. Es wäre sehr gut, jedes Mal bei der Entscheidung für eine Atmosphäre zu gewährleisten, dass sie uns auch umgibt. Wenn Sie das tun und sich an die Vorstellung der Atmosphäre erinnern, sind Sie auf der sicheren Seite, egal ob am Broadway oder in unserem Studio.

GESPÜR FÜR LEICHTIGKEIT

Eine andere Sache, über die wir gesprochen haben, ist das Gespür für Leichtigkeit. Lassen Sie uns jetzt einige der Übungen wiederholen. Heben Sie die Arme, so dass sich die Illusion einstellt, Sie verlören Ihr Gewicht. Knien Sie. Anschliessend sagen Sie dazu die Worte: «Ich gehe runter», so, dass Sie von dem Gespür für Leichtigkeit durchdrungen werden. Steigern Sie Ihr Stimmvolumen, ohne zu schreien. Das Gespür für Leichtigkeit wird Ihnen gestatten, laut zu sprechen, aber es wird nie in Schreien ausarten. Schreien passiert auf der Bühne nur, wenn Sie ohne Vorbereitung oder Vorerwartung sind und nichts aufrechterhalten. Es ist sehr viel wirkungsvoller, sofern es mit der Vorbereitung, dem Halten und dem Gespür für Leichtigkeit erfolgt. Wenn Sie das üben, werden Sie feststellen, wie vergnüglich es ist, laut zu sprechen, ohne zu schreien.

Schwören Sie etwas mit gesteigertem Volumen, doch ohne zu schreien. Dann flüstern Sie den Schwur in einer Vorwärtsbewegung. Anschliessend gehen Sie rückwärts und flüstern den Schwur wieder. Jetzt variieren Sie ihn, indem Sie ihn lange vorbereiten, dann ganz kurzes Flüstern und Halten. Und nun eine ganz lange Vorbereitung, ein sehr kurzer Schwur und ein langes Halten.

Fünfte Unterrichtsstunde

Wiederholung ist zunehmende Kraft

21. November 1941

Einige von Ihnen möchten vielleicht praktischen Nutzen aus dem ziehen, was wir besprochen haben, aber das geht nicht ohne Training. Deshalb mache ich für alle Interessierten einen Vorschlag, wie man dabei vorgehen sollte und was die Idee dahinter ist.

TRAINING DURCH WIEDERHOLUNG

Wir wissen, dass der Rhythmus für Kraft steht, und dass die Wiederholung für *zunehmende Kraft* sorgt. Darin liegt der Schlüssel für das Training. Trainieren heisst also, dieselbe Sache wieder und wieder zu tun. Das Bewusstsein dafür ist sehr wichtig. Die Psyche eines Schauspielers, der bewusst trainiert, ist völlig verschieden von der eines Kollegen, der Übungen ausführt, ohne zu wissen, dass die Wiederholung zu zunehmender Kraft führt.

Deshalb ist es so wichtig, beim Trainieren immer wieder bei Null zu beginnen. Darin liegt das Geheimnis. Man darf nicht die Vorstellung im Kopf haben, man mache etwas, das irgendwie schal und langweilig für einen wird. Nein. Jedes Mal, wenn wir das simple Heben und Senken des Arms ausführen, sollten wir es ganz frisch tun und uns wünschen, es wieder und wieder zu machen, als wäre es das erste Mal. Das spart einem viel Zeit und Energie. Wenn ich nämlich denke: «Das habe ich doch schon gemacht» und es ohne besonderes Interesse wiederhole, vergeude ich Zeit und Energie. Manchmal vergessen wir das bei unseren Übungen.

TRAINING ALS KUNST

Ein anderer und sogar noch wichtigerer Punkt ist folgender: Wir müssen uns angewöhnen, jede Übung als ein kleines Kunstwerk zu betrachten. Zum Beispiel darf das Heben und Senken des Arms nicht oberflächlich ausgeführt werden. Nein. Es muss wie eine kleine Aufführung sein. Während wir trainieren, sollten wir als kreative Menschen ganz mit der Übung verschmelzen, so dass sie nicht äusserlich bleibt und wir im Kopf ganz woanders sind. Die Übung muss da sein, wo auch unser kreativer Geist ist. Diese beiden Voraussetzungen sind sehr wichtig, wenn man nach unserer Methode trainieren will. Man braucht jedes Mal einen frischen Ansatz, und jede Kleinigkeit sollte ein vollendetes Kunstwerk sein.

ATMOSPHÄRE

Wir haben über Atmosphären gesprochen und darüber, wie wir uns die Luft um uns herum als erfüllt von der für die Übung gewählten Atmosphäre vorstellen müssen, bevor wir uns mit dem Ziel bewegen und sprechen, dass alles zunehmend im Einklang mit der imaginären Luft um uns herum steht. Das ist die Hauptsäule der Übung zur Atmosphäre. Durch sie werden eine bestimmte kreative Kraft und ein entsprechender Wille erweckt.

KONZENTRATION

Konzentration heisst für uns, ein Objekt auszuwählen, sei es physisch, akustisch oder imaginär, und mehr und mehr damit zu verschmelzen, indem wir aus uns herausgehen und versuchen, dieses Objekt zu fangen, zu umarmen, zu greifen, zu halten, zu besitzen und mit ihm eins zu werden. Das ist die Hauptsäule der Übung zur Konzentration. Man kann entweder auf chaotische oder auf strukturierte Weise denken, und dasselbe trifft auf die Übungen zur Atmosphäre und zur Konzentration zu.

IMAGINATION

Die beste Art, die Imagination zu trainieren, erfolgt in drei Schritten. 1) Versuchen Sie, sich Dinge vorzustellen, von denen Sie wissen, dass es sie gibt, zum Beispiel etwas hier im Raum. So als erinnerten Sie sich an den Gegenstand, das ist der erste Schritt für die Imagination. 2) Der nächste Schritt besteht darin, uns Dinge vorzustellen, die wir zwar nie gesehen, aber von denen wir gehört haben. Hier hilft uns die Erinnerung nicht weiter, und wir brauchen eine zusätzliche geistige Aktivität, die diesen Dingen Form verleiht, die wir nur vom Hörensagen kennen. 3) Der dritte Schritt besteht darin, uns etwas vorzustellen, das es überhaupt nicht gibt. Reine Erfindung. Das kann jemand sein, den wir nie trafen, eine Pflanze oder ein übermenschliches Wesen, in jedem Fall etwas, an das Sie nicht denken können, weil Sie es weder sahen, noch davon hörten. Diese drei Stadien genügen für den Augenblick: 1) Der reale Gegenstand, den man im Moment nicht sieht, an den man sich jedoch erinnert. 2) Etwas Reales, das einem halbbewusst ist. 3) Etwas Unbekanntes, völlig Erfundenes.

GESPÜR FÜR LEICHTIGKEIT

Die folgenden Übungen beginnen Sie am besten damit, Ihren Gemütszustand in trauriger und bedrückter Stimmung mit Momenten zu vergleichen, wenn Sie glücklich und zufrieden sind. Achten Sie darauf, wie unterschiedlich Sie Ihren Körper in diesen extremen Stimmungen wahrnehmen. Sind Sie gut gelaunt, fühlt sich Ihr Körper fast schwerelos an, sind Sie geknickt und depressiv, dagegen sehr schwer. Auf diese Weise lernen Sie zwischen diesen Extremen zu unterscheiden. Dann fangen Sie an, sich zu bewegen und das Gespür für Leichtigkeit zu entwickeln.

Versuchen Sie auf leichte und schnelle Weise zu sprechen, unabhängig von der Bedeutung der Worte. «Wie» es gesagt wird, ist wichtig, weil dieses «Wie» das Gespür für Leichtigkeit ist. Die Bedeutung kann eine ausgesprochen traurige sein, aber das Mittel des Ausdrucks, das «Wie», ist das Gespür für Leichtigkeit.

AUFRECHTERHALTEN

Für den «Trick» der Vorbereitung oder Vorahnung, die Bewegung oder Sprache und das Aufrechterhalten brauchen wir einen vorhergehenden inneren Impuls. Erst darauf folgen Text oder Aktion und das Halten. Um das zu üben, ist es sehr hilfreich, unsere Arme und Hände zu benutzen, da das zu einem echten Impuls führen wird. Wir werden noch über Psychologie und ihre Bedeutung für unsere Bewegungen sprechen. Man kann eine Rolle philosophisch oder psychologisch erforschen, um dann in sie einzutauchen. Auf diese Art weiss man viel darüber, ist aber unfähig, auch nur ein Wort zu sagen. Es gibt jedoch Mittel, dieselbe Arbeit sinnvoller zu tun, indem wir die Rolle mit unseren schauspielerischen Mitteln *erforschen*.

DIE ÜBERAUFGABE

Um die Überaufgabe zu trainieren, muss man sich ein Ziel setzen und sich vorstellen, es bereits erreicht zu haben.

KONTRASTE

Es gibt ein weiteres Mittel, um unser Spiel auf der Bühne ausdrucksstärker zu machen. Das Prinzip dabei ist ein sehr einfaches. Bei jeder einzelnen Rolle oder auch mehreren Rollen, an denen wir über Monate sinnvoll gearbeitet haben, müssen wir versuchen, wo immer das möglich ist, die Kontraste zu finden. Kontraste in jedem Sinn. Ich gebe Ihnen einige Beispiele, um zu zeigen, dass sich solche Kontraste überall finden lassen. Nehmen wir die beiden Sätze: «Soll ich mit dir kommen?» und «Ich komme nicht mit.» Sie können auf genau dieselbe Art gesprochen werden, auf einem Ton, was in jeder Kunstform die ärmste, schwächste und offensichtlichste Ausdrucksweise ist.

Die gerade Linie ist nichts für uns. Kunst erfordert Kurven und Spiralen und andere nichtlineare Formen. Eine simple, gerade Linie sollte man nur ganz bewusst für die Psychologie, die Stimme usw. der Figur einsetzen. Dann ist sie natürlich ein sehr starkes Ausdrucksmittel. Verwendet man sie jedoch über die ganze Aufführung, wird es eine sehr langweilige Angelegenheit. Das letzte Mal, als wir unsere Szene probten, war das eine völlig gerade Linie – Lärm, Geschrei, von Anfang an eine gerade Linie. Stattdessen müssen wir versuchen, viele Kontraste zu finden, Polaritäten, die überall zu entdecken sind.

Sie können beispielsweise den ersten Satz sehr schnell sprechen und den zweiten langsam – sofort ist da etwas Ausdrucksstarkes – oder Sie versuchen es genau anders herum. Schon der Kontrast im Tempo macht es ausdrucksstärker. Kontraste lassen sich auch kombinieren, indem Sie den einen Satz schnell und mit tiefer Stimme sprechen oder langsam und laut. Sie können dem einen Satz einen warmen Ton und dem anderen einen kalten verleihen. Wenn Sie mit den beiden Sätzen spielen wie ein Jongleur, bereitet das nicht nur Ihnen grosses Vergnügen, sondern auch dem Publikum. Einen einzigen Tonfall ertragen die Zuschauer nicht lange, aber wenn es eine Vielzahl kontrastierender Mittel gibt, ist das Publikum völlig am Schauspieler dran.

Sie können das mit Sätzen machen, mit Szenen, mit allem. Nehmen wir etwa die Keller- und die Briefszene aus *Was ihr wollt*, in denen dieselben Figuren zwei Mal aufeinander treffen. Dem Regisseur helfen derartige Kontraste sehr. Die Kellerszene kann trist und schäbig sein, mit gedämpftem Vergnügen an allen körperlichen Dingen wie Essen, Trinken, Umarmen usw. Und die Brief- oder Gartenszene kann das absolute Gegenteil davon sein: alles unwirklich, zauberhaft, nicht von dieser Welt. Sofort erhält das ganze Stück Struktur.

Es hängt von der Figur ab, und der Schauspieler muss wissen, was er genau mit seiner Rolle will. Nehmen wir etwa die folgenden Kontraste bei *König Lear*. Die drei Textstellen sind aus derselben Szene, der auf der Heide. Die erste Textstelle lautet: «Blast, Wind', und sprengt die Backen!», die zweite: «Ihr armen Nackten», und die dritte: «Nun, dir wäre besser in deinem Grabe, als so mit unbedecktem Leib dieser Wut der Lüfte begegnen.»

Es ist eine gute Übung für den Schauspieler, herauszufinden, welche Kontraste sich bei diesen drei Textstellen benutzen lassen. Zum Beispiel kann man «Blast, Wind'» betont willensstark sprechen. Dann «Ihr armen Nackten» tief empfunden, es kommt aus dem Herzen, und «Nun, dir wäre besser in deinem Grabe ...» rational, es kommt aus dem Kopf. Dieselbe Figur kann also die Kontraste zwischen diesen drei Bereichen des

Willens, der Gefühle und des Denkens benutzen, über die wir sprachen. Lear wird ausdrucksstärker sein, wenn er derartige Kontraste einsetzt.

Genauso kann der Regisseur sich das Stück vorstellen und den Kontrast zwischen dem Anfang und dem Schluss entdecken. Dieser findet sich in jedem Stück, aber nehmen wir noch einmal das Beispiel von *König Lear*. Die Handlung beginnt in einer imposanten, abstrakten Atmosphäre, in der sich alles um einen Despoten dreht, der mit Menschen wie mit Marionetten spielt: eine deprimierende, schwere, hoffnungslose Atmosphäre sozusagen unwirklicher Aktivität. Am Ende steht eine Katharsis – alles ist das Gegenteil des Anfangs – war der Anfang schwer, muss der Schluss luftig leicht sein. Wenn am Anfang Lear alle unterdrückte, ist er am Schluss das Opfer seines Schicksals. Am Anfang war er bösartig und am Schluss ist er aufgeklärt. Am Anfang thronte er über allen anderen und am Schluss stirbt er auf dem Boden liegend.

Alles muss benutzt werden, um solche Kontraste zum Ausdruck zu bringen. Das formt die Figuren. Sie können einmal staccato und dann wieder legato sprechen, in einem Moment warm und in einem anderen kalt, oder gedämpft bzw. offen. Überall lassen sich unzählige Möglichkeiten für Kontraste finden, die das Stück sehr viel ausdrucksstärker machen, als es ohne sie wäre.

DIE VIER STADIEN DES KREATIVEN PROZESSES

Ich bin mir bei unserer letzten Übung auf der Grundlage von Atmosphäre nicht ganz sicher. War es Ihre Absicht, dass wir selbstgewählte Aktionen und Ziele haben, oder sollten wir uns für unsere Improvisation völlig auf die Atmosphäre verlassen?

Beabsichtigt hatte ich letzteres. Natürlich können wir nicht all unsere schauspielerische Erfahrung einfach abschalten, doch für unsere derzeitigen Ziele wäre es besser, uns nur auf die Atmosphäre zu konzentrieren und zu sehen, was sich daraus entwickelt. Falsch war es, dass die Atmosphäre in Vergessenheit geriet und Sie trotzdem zu spielen begannen, wie das Schauspieler so tun. Das lässt sich nicht sofort überwinden, aber wir müssen uns ständig darum bemühen, alte Gewohnheiten abzustreifen, wenn wir neue Dinge üben. Ich hätte klarer ansagen müssen, dass die Grundlage für die Improvisation *ausschliesslich* die Atmosphäre sein sollte – *die vier Stadien des kreativen Prozesses: 1) Atmosphäre. 2) Imagination. 3) Verkörperung. 4) Inspiration.* Natürlich erfordert es enormen Mut, all die Dinge über Bord zu werfen, an deren Gebrauch Sie sich gewöhnt haben, doch diesen Mut müssen Sie aufbringen.

Was wäre anders gewesen, wenn wir uns alle auf die Atmosphäre eingelassen hätten? Sollten wir uns einfach darauf einlassen und alle Impulse zu spielen unterdrücken? Ist das die Überaufgabe?

Wenn wir unsere alten Gewohnheiten abstreifen könnten, kämen andere weitaus subtilere Impulse, viel feinere, mehr Ihre eigenen, individuellere, persönlichere, weil das, was Sie gemacht haben, anstatt die Atmosphäre zu spielen, sehr «allgemein» war. Jeder kann schreien und auf diese Art weitermachen, aber wir streben an, die *Individualität* hervorzulocken und zum Funkeln zu bringen. Das gelingt nur, wenn wir alle alten Gewohnheiten abstreifen und unsere Individualität auf das reagiert, was wir ausgewählt haben. In diesem Fall war es die Atmosphäre. Sie werden sehen, dass Sie das als Schauspieler nicht ärmer macht, sondern viel reicher und ausdrucksstärker. Sie werden feststellen, dass Sie nichts verlieren, wenn es Ihnen irgendwie gelingt, Ihre alten Gewohnheiten abzustreifen.

Was Sie über feinere, individuelle Dinge sagen, die ich in mir erwecken soll, klingt sehr reizvoll, ich weiss jedoch nicht, wie ich sie erzeugen soll. Bei der Improvisation zur Atmosphäre vor kurzem hatte ich mit vielen Dingen zu tun. Es passierte so viel, dass ich es nicht in Ihrem Sinne kontrollieren konnte. Was ist die Alternative dazu? Muss ich mich zurücklehnen und warten, dass etwas kommt?

Das ist eine gute Frage. Wir dürfen uns nicht zurücklehnen und warten, dann lähmt uns die Angst. Zunächst einmal können Sie sich gar nicht zurücklehnen und warten, weil Sie ein Schauspieler sind, es sei denn, etwas ist Ihnen peinlich, dann passiert natürlich nichts. Nehmen wir etwa den Moment, wenn die Matrosen trinken und sich in der betreffenden Atmosphäre unterhalten – da gibt es so viel zu tun! Schon das Trinken alleine würde in dieser Atmosphäre genügen. Sobald Sie darin ein einziges imaginäres Glas trinken, werden Sie überwältigt von den Aktionen, die daraus entstehen.

Und was passiert, wenn wir die Handlung weiterentwickeln müssen? Es soll sich doch etwas entwickeln, und ich soll mich daran beteiligen. Wenn ich das tue, verliere ich aber einen Teil der Atmosphäre. Wie viel Zeit sollen wir uns geben, in dieser Atmosphäre einfach dazusitzen, bevor wir in die Handlung eingreifen?

Wenn wir ein Stück proben würden, wäre das etwas anderes. Doch ich habe die Improvisation als ein Beispiel ausgewählt, um Ihnen zu zeigen, was ich unter der Methode verstehe: bestimmte Grundsätze, Methoden und «Tricks». Deshalb handelte es sich nicht um eine normale Probe. Eine Probe wäre etwas völlig anderes, und das hier ist lediglich ein Versuch, mittels dieser Improvisation meine Methode so anschaulich wie möglich zu machen. Wenn das nicht von Erfolg gekrönt ist, müssen wir uns aber auch keine Sorgen machen, weil sich trotzdem ein gewisses Verständnis der Methode einstellen wird, und darum geht es mir.

Soll ich mir bei der nächsten Improvisation dann die Aufgabe stellen zu warten, bis ich angestossen werde, anstatt mich gleich mitten hinein zu geben und jemand anderen anzustossen?

Wenn wir mit den Atmosphären weitermachen, wäre das sehr gut, ich wollte heute jedoch einen Schritt weitergehen und Ihnen einige Textzeilen für die Improvisation geben. Nichtsdestoweniger haben Sie im Prinzip Recht. Es ist besser, zu warten und der Atmosphäre zu «lauschen». Wenn Sie beispielsweise ein Glas Wein trinken, nachdem Sie die Atmosphäre entwickelt haben, brauchen Sie keine Zeit, um sie wahrzunehmen, sie ist sofort da. Sobald Sie wissen, es herrscht eine Atmosphäre voller trunkener Fröhlichkeit, brauchen Sie nicht darauf zu warten, weil sie sofort um Sie herum ist, und Sie müssen sie nur wahrnehmen.

Ich denke, der einzige Weg zu wissen, ob wir richtig oder falsch liegen, ist durch die Kritik Ihrerseits. Sie sind der Einzige, der uns sagen kann, ob wir Ihr Beispiel verstanden haben.

Ich habe noch nie mit Atmosphäre gearbeitet, aber alles was in der Improvisation passierte, ist mir auch schon vorher passiert. Wir fühlen uns dazu angehalten, viel an Aktion zu produzieren. Wenn die Improvisation schief zu laufen beginnt, sollte sie meiner

Meinung nach unterbrochen werden, und Sie sollten uns sagen, wo wir aus der Spur geraten sind.

Meine Befürchtung war nur, Sie könnten meine Kritik als destruktiv missverstehen, wenn sie jedoch hilfreich für Sie ist, kann ich das gerne tun.

Selbst nach dieser ganzen Diskussion weiss ich immer noch nicht, ob ich die richtige Atmosphäre erzeuge oder nicht oder ob ich überhaupt etwas erzeuge.

Der Hauptfehler beim letzten Mal bestand darin, dass wir uns als moderne Schauspieler sehr stark über Aktion auf der Bühne definieren und zunächst einmal über das, was wir tun und sagen. Wir werden schnell dazu verleitet, etwas herzustellen, anstatt uns auf dieses neue Element der Atmosphäre einzulassen, das uns auch anregen würde, etwas zu tun und zu sagen, aber auf andere Weise. Es stellt sich also die Frage, «wie» wir mit der Atmosphäre oder ohne sie spielen und sprechen, die Atmosphäre ist nämlich die Art und Weise, «wie» Dinge auf der Bühne geschehen.

Wir können auch ohne Atmosphäre aufstehen und ein Glas Wein trinken, doch wenn wir es anders machen wollen – das ist das «Wie» –, müssen wir die richtige Atmosphäre dafür finden. Wir ändern die Atmosphäre, nicht die Aktion. Das «Wie» hängt von verschiedenen Atmosphären ab. Es geht also darum, zum «Was», der Aktion, das «Wie», die Art, wie ich sie ausführe, hinzuzufügen. Und dieses «Wie» hängt u. a. von der Atmosphäre ab. Deshalb ist es überhaupt nicht die Frage, ob Sie richtige oder falsche Atmosphären erzeugt haben. Sie können die Atmosphäre beliebig verändern, während Sie spielen, sie muss nur da sein. Es kommt lediglich darauf an, ob Sie die Atmosphäre verloren haben oder noch drin sind, ob Sie weiter auf Grund der Atmosphäre handeln und sprechen, wegen ihr, in ihr.

Stimmt es, dass ein Geben und Nehmen stattfindet, wenn wir richtig mit der Atmosphäre arbeiten? Wenn man etwas teilt, arbeitet man nicht alleine, sondern man saugt auf, was gemeinsam erzeugt wird.

Ganz genau.

Für mich war das einzige Mal die Atmosphäre auch nur ansatzweise vorhanden, als wir zusammen ein Lied sangen. War das so?

Wenn ich sage, die Atmosphäre war weg, ist das nicht ganz richtig, denn sie war trotz bestimmter falscher Ansätze vorhanden. Ich würde also sagen, nicht nur die Atmosphäre des Liedes war da, sondern auch all die anderen, sie waren nur nicht stark genug, um uns zu inspirieren. Es ist eine Frage der Balance.

Wir mögen zwar verstehen, was Atmosphäre ist, aber sobald wir zu spielen anfangen, überwältigen uns die alten Gewohnheiten. Deshalb ist es praktisch unmöglich, sie zu erzeugen, ohne diese neuen Mittel zu trainieren. Mit der Zeit wird es immer offensichtlicher, dass die Atmosphäre einer der Wege ist, einer der wichtigsten Wege, um Neues aus uns herauszuholen und beständig originell und einfallsreich zu sein. Unsere Gewohnheiten und Manierismen hindern uns daran, diese Dinge loszuwerden und neue zu schaffen. Es ist eine Frage des Mutes, diese Dinge abzuwerfen, die uns in einer trügerischen Sicherheit wiegen.

Versuchen wir, uns auf die Atmosphäre einzulassen und ihr zu vertrauen, indem wir einen Satz sagen und eine exakte Geste ausführen, die ich Ihnen vorgebe. Sagen Sie den Satz «Ich liebe dich» mit dieser Geste, in einer Atmosphäre der Heimlichkeit, sehr warm, doch auch sehr vorsichtig.

Weil Sie erkannten, wie einfach das ist, waren Ihre kreativen Impulse sofort da, und alles wurde viel individueller als bei der lärmigen Improvisation vor kurzem. Gleich, ob es sich um Hamlet handelt oder eine ganz simple Rolle, diese einfache Technik gilt für beide gleichermassen.

Es war einfacher für mich, weil ich allein war, schwieriger ist es, wenn man mit so vielen Leuten arbeiten muss. Wie können Sie selbst in der Atmosphäre bleiben, wenn Ihr Partner es nicht ist?

Das Problem unserer Kunst besteht darin, dass wir immer stark von anderen Leuten abhängig sind. Dieses Problem lässt sich nur durch eine gemeinsame Kultur lösen. Wenn wir dasselbe Ziel und dasselbe Training haben, verkleinert sich das Problem und verschwindet schliesslich.

Wenn ich in einem Broadway-Stück spiele und als einziger Darsteller die Methode kenne, kann ich dann auf irgendeine Weise meine Partner führen?

Nur zu einem gewissen Grad, aber es lässt sich trotzdem viel tun. Auch wenn Sie nicht jeden dazu verführen können, werden Ihnen wenigstens einige folgen, und Sie können auch allein viele Dinge erreichen. Das ist natürlich schwierig und eine der unangenehmen Begleiterscheinungen unseres modernen Theaters.

SCHAUSPIELER UND DIE METHODE

Als ich in Deutschland war und bei Reinhardt spielte, habe ich einige Dinge ausprobiert. Deutsche Schauspieler sind unglaublich, was Klischees betrifft ... wie Steine und Felsbrocken. Glauben Sie etwa, eine Gruppe deutscher Schauspieler könnte so zusammenkommen, wie wir das tun? Sie trauen sich nicht einmal, jemanden zu fragen, was er über dieses oder jenes denkt. Es ist ein unerhört höfliches Land, nur leider im falschen Sinne des Wortes. Niemand interessierte sich im Geringsten für das, was ich machte, doch ich versuchte etwas, obwohl ich wusste, wie riskant es war. Während einer bestimmten Textstelle eines meiner Partner machte ich Dinge, die die Aufmerksamkeit des Publikums auf mich lenkten. Der arme Schauspieler war sehr unglücklich, aber er konnte den Schuldigen nicht finden. Als er schliesslich doch herausfand, dass ich es war, kam er bleich und zitternd zu mir. Er flehte mich an, ihn alleine spielen zu lassen, anstatt zu fragen, was ich denn nun machte, so dass wir zusammen etwas Interessanteres hätten finden können. Aber das hätte er nie zugelassen. Ein anderes Mal veränderte ich die Inszenierung, während ich spielte, und der Inspizient zischte mir zu: «Hören Sie auf damit! Das kostet Sie ein Verwarnungsgeld!» Als ich ihn fragte, wo das Problem sei, antwortete er: «Sie halten sich nicht an die Verabredungen; was, wenn das jeder machen würde?» Es war sehr schwierig, in Deutschland zu spielen – sie sind so steif dort – immer in einem Korsett.

PSYCHOLOGIE VON MASSENSZENEN

Wir begehen oft einen anderen kleinen Fehler, Sie zum Beispiel vor kurzem bei der Improvisation. In Massenszenen machen Schauspieler einen ganz bestimmten Fehler – sie vergessen plötzlich, dass sie Individuen sind, und jeder versucht, Teil der

Menge zu werden. Sie wollen die ganze Szene spielen, den ganzen Lärm usw. Massenszenen setzen sich aber immer aus vielen gleichzeitig ablaufenden Dingen zusammen. Schauspieler wollen das nicht wahrhaben, und jeder versucht, die gesamte Menschenmenge zu spielen. Wenn Sie versuchen, bei dieser Massenszene Individuen zu bleiben, werden Sie eine sehr attraktive Szene hinbekommen.

ANSÄTZE FÜR DIE PROBE

Das Erste, was wir anzuwenden versuchten, war die Atmosphäre. Die zweite Sache war die Imagination, und ich habe vorgeschlagen, Sie sollten den Text des Stückes nicht so sehr auf seinen Inhalt hin lesen, der sich von selbst ergibt, sondern sich etwas vorzustellen, während die Worte gesprochen werden. Sehen und hören Sie sie und sehen Sie, wie die Handlung in Ihrer Vorstellung abläuft, während Sie den Text lesen. Auf diese Weise bekommen Sie den Text über die Imagination und nicht über den Inhalt.

Wenn Ihnen der erste Entwurf der Vorstellung klar vor Augen steht, ist der zweite Schritt die Einbeziehung dieser Vorstellungen. Egal, ob sie richtig oder falsch sind. Proben sind dazu da, bessere Lösungen zu finden. Stellen Sie sich als Erstes die ganze Sache vor, die Atmosphäre, die Figuren, wie die Worte gesprochen werden. Es ist immer wichtig, ein Bild zu erschaffen, und wir können jeweils auch ein anderes und besseres erschaffen. Lesen Sie das Stück, indem Sie es sich vorstellen.

QUALITÄTEN ODER KONTRASTE

Zählen wir die Dinge auf, die wir hier im Raum sehen. Versuchen Sie, sie auf einen einzigen langen Atemzug aufzuzählen.

Jetzt fangen Sie langsam an zu sprechen und beschleunigen dann das Tempo. Sofort wird es ausdrucksstärker. Schliesslich wird es sogar etwas Psychologisches. Oder versuchen Sie das Gegenteil: Es wird nichts dabei herauskommen, wenn es linear und gleichförmig ist. Natürlich kann man das bewusst so machen, aber es muss dann schon sehr bewusst eingesetzt sein. Lassen Sie uns gleichförmig sprechen und dann immer langsamer. Daran sehen Sie, dass wir viele Qualitäten verbinden können.

Sprechen Sie zuerst auf verärgerte Weise, und werden Sie dann immer interessierter an den Dingen, die Sie betrachten. Fangen Sie schnell an und werden Sie dann langsamer; das ist sofort interessant zu sehen, und wir können von Schauspielkunst sprechen. Schon der blosse Prozess des Ausdrückens ist interessant. Diese Art, zu spielen, kann spannender sein, als es *Hamlet* oft ist. Wenn wir schon mit einer derart einfachen Übung solche Dinge erreichen, wie wunderbar ist es erst, sie bei Shakespeare anzuwenden, dessen Stücke voller derartiger Kontraste sind! Lassen Sie uns die Übung wiederholen, zuerst ist sie schnell, verärgert und laut, dann am Ende langsam, interessiert und sanft.

Diese Qualitäten oder Kontraste rufen bestimmte Gefühle in uns hervor. Unsere Individualität sehnt sich danach, sich auszudrücken, doch die Mittel, die wir ihr zur Verfügung stellen, sind so gleichförmig, so uninteressant, dass sie unbrauchbar erscheinen. Mit geraden Linien kann sie nichts anfangen, aber sobald wir ein wenig Kontrast einführen, etwa ein schnelleres oder langsameres Tempo, kann die Individualität das sofort benutzen. Eine kleine Übung führt uns zu uns selbst und bereichert uns dadurch, weil wir als Schauspieler alles in uns haben.

ÜBUNG

Nehmen Sie eine Position ein, heben Sie Ihre Hand und sagen Sie: «Bitte nicht». Dann legen Sie sich die andere Hand auf die Brust und sagen wieder «Bitte nicht». Sofort stellt sich eine andere Nuance ein. Das ist Schauspielkunst, ohne jede Philosophie oder Psychologie dahinter. Wir bewegen uns auf bestimmte Weise, und das erweckt unser emotionales Leben. Jetzt fügen Sie die nächste Bewegung hinzu: Lassen Sie Ihre Hände auf die Seite fallen und sagen Sie «Bitte nicht». Denken Sie nicht durchgehend daran, machen Sie es einfach und schauen Sie, was passiert.

Das ist der Beweis dafür, dass unser schauspielerisches Wesen nicht innehalten will. Wenn wir ihr etwas aufgegeben haben, Überaufgabe, Atmosphäre oder simple Geste, muss sie weitermachen, und das ist Schauspielkunst. Diese Form der Improvisation muss auf der Bühne immer vorhanden sein. Was uns leblos macht und stoppt, sind Klischees.

IMAGINATION

Ein weiterer Vorschlag: Ich habe bereits angeregt, dass wir Übungen auf verschiedene Art ausführen: 1) Indem ich etwas in meiner Vorstellung sehe, von dem ich weiss, dass es existiert, das ich aber gerade nicht sehen kann. 2) Sich Dinge vorstellen, die ich nie gesehen und von denen ich nur gehört habe. 3) Etwas erschaffen, das völlig das Produkt unserer Fantasie ist.

Jetzt schlage ich eine andere Übung vor, die dabei hilft, sich die Figur vorzustellen, die Sie für sich wählen und neu erschaffen. Stellen Sie sich vor, wie diese Figur unterschiedliche Überaufgaben zu erfüllen versucht, rein in Ihrer Fantasie. Sagen Sie der Figur, sie solle die Überaufgabe erfüllen «Ich will Geld bekommen.» Stellen Sie sich eine Situation vor: Wo sich die Figur befindet und von wem er oder sie das Geld zu bekommen versucht. Stellen Sie sich vor, wie die Figur die Überaufgabe erfüllt. Das wird der nächste Schritt sein. Folgen Sie Ihrer Einbildungskraft, so dass es keine Unterbrechungen gibt.

GESPÜR FÜR LEICHTIGKEIT

Erinnern Sie sich an einen Moment, als Sie glücklich und zufrieden waren. Was war dabei Ihr Körpergewicht? Heben Sie Ihre Arme und Hände und machen aus der Bewegung ein kleines Kunstwerk. Jetzt werfen Sie sich untereinander einen imaginären Ball zu und benutzen dabei Ihren Körper sehr frei, jeder macht die ganze Zeit mit. Wir werden spüren, wie etwas in unserem Körper zu fliessen beginnt. Wenn wir dabei richtig mitmachen, entstehen in uns sehr viele Emotionen. Alles appelliert sofort an die Gefühle. Das beweist, was für eine kindliche Natur der Künstler hat, wenn wir daran appellieren. Dieses Gespür für Leichtigkeit ist eine der vier Qualitäten, die der Schauspieler jederzeit zu seiner Verfügung haben muss.

Sechste Unterrichtsstunde

Der kreative Prozess: Die Inspiration – die Methode

24. November 1941

Wenn Wissenschaftler heute zu berechnen versuchen, wie das menschliche Herz fähig sein kann, so viel Flüssigkeit durch die grossen und kleinen Kanäle unseres Körpers zu pumpen, erkennen sie nicht, dass es mechanisch unmöglich ist, sich eine Pumpe wie unser Herz vorzustellen. Das menschliche Herz müsste eigentlich, um diese Menge an Blut bewegen zu können, viel grösser und stärker sein und aus völlig anderem Material bestehen. Das ganze Geheimnis liegt darin, dass das Blut zirkuliert und das Herz ihm folgt, aber unsere Physiologen sind wissenschaftlich noch nicht weit genug, um das zu akzeptieren. Sie glauben nicht, dass Blut von sich aus zirkulieren kann, aber sie glauben, dass das Herz sich von selbst bewegt.

DER KREATIVE PROZESS UND DIE INSPIRATION

Mit dem kreativen Prozess und der Inspiration ist es genau dasselbe. Früher kamen der kreative Prozess und die *In*spiration von sich aus in Gang, doch das ist nicht länger der Fall. Heute müssen wir uns physisch und geistig auf den Prozess der Inspiration einstellen, und dazu benötigen wir die Methode. Wenn Sie vor einigen Jahrzehnten einem begabten Schauspieler vorgeschlagen hätten, er solle sich eine Methode aneignen, wäre die Antwort gewesen, das brauche er nicht, schliesslich verfüge er über Inspiration. Aber in unserem gegenwärtigen Leben ist es falsch, weiter zu glauben, die Inspiration stelle sich von selbst ein. Einer unserer Feinde ist der Intellekt, und der andere ist das Unwissen darüber, dass man eine Technik oder Methode braucht, und dieses Unwissen ist oft das Schädlichste für uns. Wenn wir die Methode verleugnen, können wir sie nicht annehmen, und dasselbe gilt, wenn wir nicht einmal wissen, dass sie existiert.

DIE METHODE

Was wir den kreativen Prozess und die Inspiration nennen, ist natürlich unser letztes und einziges Ziel. Wir müssen es als das absolute Zentrum betrachten, während es an der Peripherie jede Menge Türen gibt, die wir öffnen können. Wenn wir im Moment der Inspiration diese Türen öffnen, zu was führt das? Immer zur Methode. Die Atmosphäre ist eine der Türen, die wir öffnen und hinter der wir den kreativen Prozess sehen können, den Funken der Inspiration. Wir öffnen eine andere Tür, vielleicht zum Gespür für Leichtigkeit, dann die Tür zur Inspiration: All die einzelnen Punkte unserer Methode sind diese Türen.

Wie erreicht man den Punkt, an dem es notwendig ist, durch all diese Türen zu sehen? Das ist eine sehr schmerzhafte Erfahrung für uns. Das schmerzhafte Bedürfnis dazu ist in einem gewissen Ausmass bei uns allen vorhanden. Wir wissen, wir fühlen, wir erfahren, dass wir als Schauspieler, als Künstler, als Schaffende, als menschliche Wesen voller unerfüllter Sehnsüchte, unvermuteter Gedanken und noch nicht gemachter Gefühle sind, die sich alle irgendwo undeutlich vor uns abzeichnen.

In unserem alltäglichen Leben haben wir vielleicht eine bestimmte Vorstellung von uns selbst, obwohl wir, wenn wir innerlich frei wären, eine völlig andere Existenz führen könnten, ganz anders sprechen und reagieren. Aber jetzt sehen Sie sich einmal an, was wir auf der Bühne machen, ganz objektiv und ohne Selbstmitleid. Wir sind psychologisch verkrüppelte Wesen. Wir sind so etwas von klein und engstirnig, wenn wir diese oder jene Figur spielen. Fast sind wir Marionetten. Wenn wir, sagen wir, in unserem Leben sechs Gefühle haben – schematisch gesprochen – bringen wir eins davon auf die Bühne. Wenn wir im Leben sechs Gedanken haben, zeigen wir dort einen davon, anstatt dass wir während des kreativen Prozesses auf der Bühne grössere, reichere, weiter ausgreifende Wesen werden, die all ihre schöpferischen Sehnsüchte und Emotionen erfüllen.

Wir könnten uns auf der Bühne befreien, nicht nur zu unserer Befriedigung, sondern auch zu der der Zuschauer, weil diese in derselben Lage sind. Sie führen ein von der Uhr reguliertes Leben und verfügen weder über Imagination noch über Freiheit. Auf der Bühne wird uns bewusst, dass jeder Moment mit den tiefsten und wichtigsten Dingen angefüllt sein kann, die wir in uns tragen, die wir jedoch in unserem alltäglichen Leben weder erfahren noch ausdrücken.

Stattdessen werden wir kleiner und kleiner. Nehmen wir etwa die Figuren des Hamlet, der Ophelia oder der Cordelia. Sie könnten für uns weit geöffnete Türen sein, um uns selbst zu finden, aber wir werden kleiner als sie und sogar kleiner, als wir es im täglichen Leben sind. Gibt es nämlich keinerlei Inspiration, keine Wegmarkierung zu ihr, sind wir zu einer verkrüppelten Existenz auf der Bühne verdammt.

Wenn jemand das Gefühl hat, er könne sich nicht auf der Bühne entfalten, beginnt die Tortur, dass man sich wie in einem psychologischen Gefängnis vorkommt. Daraus entsteht die Notwendigkeit, den kreativen Prozess durch alle möglichen Türen zu sehen. Wir wissen also, dass die Methode dem kreativen Prozess einige Ansatzpunkte bietet und dass ihre Notwendigkeit aus der schmerzhaften Erfahrung resultiert, uns auf der Bühne nicht richtig entfalten zu können und stattdessen immer kleiner und verschlossener zu werden.

ÄUSSERE EREIGNISSE UND DAS INNERE LEBEN

Wir haben über die vier Stadien des kreativen Prozesses gesprochen und sie mittels einer Reihe von Grafiken illustriert. Jetzt sollten wir den kreativen Prozess von einem weiteren Blickpunkt aus betrachten und ihn anders beschreiben. Welcher Aspekt des kreativen Prozesses würde uns erlauben, dieses erfüllte Leben darzustellen? Es gibt zwei Möglichkeiten: Eine liegt in uns selbst und dem in uns verborgenen Reichtum, und die andere ist die falsche Art von Stück, die vor uns auf dem Tisch liegt. Wenn wir modernen Schauspieler nicht wissen oder nicht wissen wollen, was der kreative Prozess ist, tun wir Folgendes. Wir nehmen diese falsche Art von Stück, machen uns instinktiv zu und sagen: «Jetzt bin ich alleine und ich werde nichts von mir zeigen, wenn ich das nämlich täte, wäre ich sofort im Widerspruch zum Stil des aktuellen Theaters. Ich muss meine Manierismen vorführen, aber nicht mich selbst, was auf der Bühne nur peinlich wäre.»

Also mache ich mich zu und nehme das Stück, das rein äusserlich ist, fange an, den Text zu studieren und deklamiere klischeehaft Worte von der Bühne herunter. Das Stück bleibt etwas Äusserliches und mein inneres Leben verborgen und noch fester verschlossen. Eine Illusion findet statt. Ein aus verschiedenen Klischees bestehendes Phantom kommt zum Vorschein, ergreift Besitz von mir und spricht den Text mit toter Stimme. Das Stück ist beendet, das Phantom hat seine Arbeit getan, und ich kann nach Hause gehen.

Der richtige Weg wäre es jedoch, dieses falsche Stück zu nehmen und es meinem inneren Leben anzuverwandeln, so dass es zum Symbol des neuen inneren Lebens wird, das ich in mir entdecken muss. Dann ist es nicht mehr das falsche Stück, sondern ich selbst drücke mich durch die Vorschläge aus, die der Autor gemacht hat. Das äussere Ding wird also zu einem inneren, und mein inneres Leben zu einem äusseren. Ich gebe es meinem Publikum und behalte es nicht in mir. Wenn wir uns alle Punkte unserer Methode anschauen, erkennen wir, dass sie die Mittel dazu sind, unser inneres Leben in ein äusseres zu verwandeln. Dieser Gedanke muss immer in unserer Vorstellung lebendig bleiben.

Damit Sie das Ziel meiner Methode verstehen können, muss ich Ihnen bestimmte Ideen und Auffassungen erläutern. Alle Punkte der Methode lassen sich unter dem Aspekt der Verwandlung äusserer Dinge in inneres Leben und der Verwandlung des inneren Lebens in etwas Äusseres verstehen. Erkennt man das, ist man bereits auf dem besten Wege, es auch umsetzen zu können. Leo Tolstoi sagte einmal: Wenn du wütend bist und dich an jemandem rächen willst, solltest du nicht versuchen, dir selbst eine Moralpredigt zu halten, sondern dir immer wieder sehr konkret vorstellen, wie dir die Rache gelingt und wie dein Opfer am Boden liegt. Je stärker du erkennst, dass du gewonnen hast und dein Opfer erledigt ist, desto sicherer bringt dir dieses Wissen ein überraschend erfreuliches Resultat. Es ist dein eigentlicher Wunsch. Du wirst den Wunsch, dich zu rächen, verlieren, entwickelst Mitgefühl für dein Opfer, und dein wahres Selbst tritt zutage, weil du weisst, was du willst.

Wenn wir wissen, was wir mit der Methode beabsichtigen, erreichen wir es auch. Nicht nur aufgrund meiner Hinweise, sondern jeder für sich. Wir sind kreative Individuen, und wir müssen uns vorstellen, was sie für uns selbst bedeutet. Es muss Ihre Methode werden. Sie müssen sie sich auf Ihre ganz persönliche Weise vorstellen, die nur für Sie gilt. Ich lege Ihnen meine Auffassung der Methode dar, aber Sie müssen sie für sich annehmen. Dann kommen Sie zu einer Vision der Methode, die die Ihre ist und nicht meine, und Sie können sie auf sich selbst zugeschnitten entwickeln. Wenn Sie glauben, ich wolle Ihnen etwas aufzwingen, werfen Sie es nur weg. Es geht darum, die Dinge, die ich Ihnen beschreibe, zu Ihren eigenen zu machen.

Jetzt lassen Sie uns noch einen Punkt unserer Methode herausgreifen. Ich habe Ihnen gesagt, es gibt vier Qualitäten, die jeder Schauspieler dauerhaft haben muss, um sie anzuwenden, wann immer es seine schöpferische Individualität erfordert. Eine davon war das *Gespür für Leichtigkeit*, eine andere ist das *Gespür für die Form*.

GESPÜR FÜR DIE FORM – DER KÖRPER DES SCHAUSPIELERS

Mit Gespür für die Form meine ich natürlich die äussere Form, angefangen mit unserem Körper. Wir müssen über unseren Körper als eine Form nachdenken und ihn als solche erfahren. Wir vergessen oft Dinge, die wir nicht vergessen dürfen. Wir müssen bestimmte Tatsachen verstehen, die so offensichtlich sind, jedem so wohlbekannt, dass niemand mehr darüber nachdenkt. Aber uns muss klar sein, dass unser Körper eine Form hat, eine fest umrissene, konkrete Form.

Zunächst mag es schwierig erscheinen zu verstehen, dass wir Arme und Hände haben, die wir in verschiedene Richtungen bewegen können. Das ist so offensichtlich, dass unsere Bewegungen formlos bleiben, solange wir uns diese Tatsache nicht bewusst machen. Wenn uns klar geworden ist, dass wir Arme, Hände, Beine und Füsse haben und uns diese Tatsache überrascht, kommen wir in die Lage, sie unterbewusst viel ausdrucksstärker einsetzen zu können.

Vor einigen Jahrzehnten waren die Menschen noch weit weniger vom Intellekt vergiftet. Ihr Leben war nicht wie unseres zutiefst gestört durch alles um uns herum: Radio, Fernsehen, Telefon – sinnlose Ablenkungen, an die wir uns gewöhnt haben. Früher waren die Menschen viel freier im Geist und in der Seele, sie hatten bessere Nerven, ihr Herzrhythmus war normaler, sie atmeten viel tiefer als wir, und zahlreiche physische und psychologische Dinge lasteten nicht wie ein schreckliches Gewicht auf ihnen, wie es bei uns der Fall ist, obwohl wir das vielleicht gar nicht merken.

Wenn wir das Gespür für unseren Körper als Form wiedererwecken, gibt uns das eine neue und konkrete Fähigkeit, ihn auf ausdrucksstärkere Weise zu benutzen, ja, mehr als das: Wir werden unseren Körper als eine Inspirationsquelle gewinnen.

Hier muss ich noch einmal eine kleine Sache ansprechen: Unser Körper inspiriert uns, auch wenn wir das gar nicht wissen, doch unser Körper inspiriert uns zumeist auf falsche und beschränkte Weise, weil er der Ausdruck bestimmter Vorstellungen ist, die wir über uns besitzen. Wenn ich fett bin und einen Wanst habe, projiziere ich eine bestimmte Vorstellung von mir. Bin ich sehr dünn und schmalhüftig, kann ich diese Vorstellung nicht loswerden, und sie hat Auswirkungen auf meine Inspiration. Oder ich habe einen ausgeprägten Brustkorb, was zu einem anderen Selbstbild führt. Wenn beispielsweise eine sehr dicke Person sagt: «Ich renne los und bring's dir», wirkt das natürlich komisch.

Es gibt also etwas, das rein von unseren Körpern als Form herrührt und das uns bewusst oder unbewusst inspiriert. Wenn unsere Körper zu einem solchen Ausmass entwickelt sind, dass es völlig egal ist, was für eine Art Hüfte, Schultern oder Füsse wir haben, wenn wir sie so in den Griff bekommen, dass der *ganze* Körper eine Inspirationsquelle ist, liefern uns unsere Körper tatsächlich Inspiration. Es mag seltsam klingen, dass etwas so Spirituelles wie die Inspiration uns auf diese Weise helfen kann, aber es ist wahr. Daher ist der Vorschlag, den Körper als Form zu erfahren, ein weiterer Schritt auf dem Weg zum selben Ziel: zum kreativen Prozess und der Inspiration.

ÜBUNG

Je einfacher wir diese Übung ausführen, desto besser. Verdeutlichen Sie sich als Erstes, jeder für sich, dass Sie aufrecht stehen. Kein anderes Lebewesen auf der Welt hat eine solche Haltung. Tiere leben horizontal, und selbst Affen sind auf hässliche Weise mit der Erde verbunden. Machen Sie sich also Ihre aufrechte Position bewusst. Dann vergegenwärtigen Sie sich, dass Ihr Kopf wie eine Krone auf Ihrem Körper sitzt und dass er rund ist. Er ist der einzige runde Teil Ihres Körpers. Nun machen Sie sich klar, dass Sie die Erde berühren, aber nicht zu ihr gehören. Vergegenwärtigen Sie sich, dass Tiere mit allen vieren erdverwurzelt sind. Eine Kuh etwa ist völlig erdverwurzelt. Wir jedoch können die Erde auf vielfältigere Weise berühren. Jetzt bewegen Sie sich im Raum und registrieren Sie, dass Sie den Boden berühren, indem Sie ihn zurückstossen. Machen Sie sich klar, dass ein Tier alle seine vier Gliedmassen benutzen muss. Nehmen Sie eine Tier-Haltung ein, und Sie werden feststellen, dass Sie Ihre Arme und Hände nicht bewegen können.

Das ist absolut schrecklich, wie sollen Sie sich ausdrücken? Selbst ihr Kopf ist zur Erde geneigt.

Vergleichen Sie diese imaginäre Tier-Psychologie mit Ihrer Fähigkeit, aufrecht zu stehen und frei bewegliche Arme und Hände zu haben. Diese Tatsache müssen wir zu schätzen wissen. Jetzt erkennen Sie, dass die Arme und Hände die ausdrucksstärksten Teile unseres Körpers sind. Aber wir bringen häufig zwei Dinge durcheinander. Wir verwechseln unsere Köpfe mit all ihren feinen Gesichtsmuskeln mit unseren Armen und Händen und versuchen, Dinge durch Grimassen auszudrücken. Das ist etwas Fürchterliches. Wenn wir zum Beispiel auf der Bühne lachen und dabei unsere Zähne zeigen, tun wir das, statt unsere Arme und Hände einzusetzen. Diese ganzen Grimassen sind das Resultat einer unbewussten Verwirrung, weil wir nicht wissen, für was unsere Arme und Hände gut sind. Wenn wir die Hände in den Hosentaschen haben, bleibt uns nichts anderes übrig, als Gesichter zu schneiden. Lernen wir jedoch, unsere Arme und Hände richtig zu gebrauchen, werden unsere Augen auf der Bühne ausdrucksstärker, weil unser ganzes Leben in ihnen konzentriert ist. Wir haben absolut das Recht, mit unseren Augen auszustrahlen.

Manchmal heisst es, bestimmte Bewegungen seien «nationale Charakteristika». So gestikulieren etwa Russen, Italiener und Franzosen für den amerikanischen Geschmack zu heftig. Ihr eigener Geschmack wird Ihnen sagen, wie stark Sie diese Fähigkeit einsetzen sollten. Sie muss da sein, aber wie Sie sie einsetzen, ist eine Frage an Sie als individuelle Künstler. In jedem Fall ist es jedoch falsch – egal, ob Sie Amerikaner oder Ausländer sind – immer die Hände in den Hosentaschen stecken zu haben.

Nachdem wir erkannten, dass unser Kopf, dieses runde Ding, keine Grimassen schneiden sollte, dass wir frei bewegliche Arme und Hände haben und dass wir aufrecht gehen und die Erde berühren, indem wir sie zurückstossen, müssen wir noch eine Sache verstehen, um unseren Körper als Form zu erleben. Wir haben nämlich in unserer Brust ein imaginäres Zentrum. Dann werden wir die Erfahrung machen, dass unsere Bewegungen auf der Bühne und im Leben sehr viel reicher, freier und ausdrucksstärker werden. Wir schleppen uns nicht mehr schwerfällig herum, was immer der Fall ist, wenn wir nicht wissen, wo sich unser Zentrum befindet. Wenn ich weiss, wo mein Schwerpunkt liegt, bewege ich mich geführt von diesem Zentrum. Diese harmonische psychologische Haltung steht uns allen zur Verfügung, und sie ist der Schlüssel zu vielen Fähigkeiten.

Sich innerlich harmonisch zu fühlen, bedeutet, dass man auch disharmonische Dinge viel freier und besser darstellen kann. Sind wir dagegen selbst disharmonisch und versuchen, schöne Dinge hervorzubringen, liegen wir immer falsch. Jetzt gehen Sie herum, geleitet von diesem Zentrum. Fühlen Sie das Zentrum in Ihrer Brust und merken Sie, wie Ihr ganzer Körper Ihnen dankbar für diese Harmonisierung ist, und Ihre Arme, Hände, Beine und Füsse gewissermassen am richtigen Ort sind.

Sie werden registrieren, dass Sie sowohl ein physisches als auch ein psychisches Gleichgewicht erreichen und der zu einem harmonischen Ganzen gewordene Körper Ihnen Inspiration gibt. Das Ausmass der Inspiration ist grösser, die Ideen, die der Künstler und Schauspieler hat, werden viel reicher und interessanter, wenn sie von einem fitten, harmonischen Körper kommen.

Wir können uns noch einmal an den fetten Mann erinnern, der rennend etwas holen will. Wenn wir seine Imagination durchdringen und sehen, was er für ein Selbstbild hat, tut sich eine ganz eigene Welt auf. Sie ist eine völlig andere Sache als bei jemandem mit einer anderen Art von Körper. Seine Welt ist anders als die Welt von jedem unter uns. Eine grossgewachsene Person hat natürlich eine andere Art Imagination als eine kleine Person, es kommt aber nur darauf an, den eigenen Körper zu harmonisieren und sich dann als fett, gross, klein oder dünn vorzustellen.

Natürlich kann eine übergewichtige Person nicht wirklich jemand Schlankes darstellen, aber wenn sie versucht, den eigenen Körper auf die beschriebene Weise zu harmonisieren, kann sie zumindest den Eindruck einer schlanken Person vermitteln. Ich stelle mir Charles Dickens' Mr. Pickwick so vor, weil sein Charakter irgendwie organisiert wirkt, Falstaff erscheint jedoch ganz anders, da seine ganze Psychologie um seinen Bauch herum und sogar noch etwas weiter darunter lokalisiert ist. Das Zentrum von Sir Andrew Agueckeek ist seine Nase.

CHARAKTERISIERUNG

Wir kommen zu einem anderen Punkt unserer Methode, der Charakterisierung. Wir müssen die Psychologie eines idealen Körpers besitzen, selbst wenn wir keinen physisch idealen Körper haben, um zu sehen, wie leicht und vergnüglich es ist, sich körperliche Charakterisierungen vorzustellen und zu spielen. Sehr lustige Dinge lassen sich auf diese Weise finden. Zum Beispiel, wenn Sie sich vorstellen, Ihr Zentrum sässe in Ihrer Nase oder in Ihrem Rücken als ein dickes, schweres, rundes Ding, das Sie nach hinten zieht. Ihr gesamter Körper wird ausdrucksstark durch Ihren imaginären Körper.

Jetzt gehen Sie im Marsch-Rhythmus herum, und erinnern Sie sich an all die Dinge, die wir erwähnten: der Kopf als runde Form, das Zentrum in der Brust, die Arme und Beine, die wie eine grosse Schere vom Zentrum ausgehen.

BEWEGUNG ALS FORM

Der nächste Schritt besteht darin, die Bewegung selbst als Form zu erfahren. Das ist auch sehr wichtig. Entwickeln wir nämlich diese Fähigkeit, unsere Bewegungen als Form zu erfahren, werden wir ausdrucksstärker, selbst wenn wir die Hände in den Hosentaschen haben! Wenn Sie es mit einem Gespür für die Form machen, dann bedeutet es etwas. Heben Sie für diese Übung den rechten Arm und erfahren diesen Prozess als Form. Sie beginnen und Sie beenden ihn, und was entsteht, ist die Form in Bewegung. Wenn wir diese Erfahrung gemacht haben, wissen wir, was es bedeutet, Form in Bewegung auszudrücken.

Jetzt stehen Sie auf und erfahren Sie die Bewegung als eine Form, die Sie in die Luft um sich herum modellieren. Setzen Sie sich mit demselben Gespür für die Form wieder hin. Tun Sie es pedantisch, so dass es später frei, spontan und unbewusst wird. Dann verbinden Sie das Aufstehen mit Bewegungen Ihrer Arme und Hände und gehen Sie einige Schritte nach vorne. Beenden Sie die Bewegung nicht vage oder zufällig, sondern entscheiden Sie sich, wann genau Sie die Übung abschliessen. Vielleicht sind Ihre Bewegungen zunächst ein wenig steif und staccato, aber das vergeht. Jetzt nehmen Sie eine bestimmte Position ein und stellen Sie sich vor, sie sei hoch oben in der Luft, bewegen Sie sich weg davon und stellen sich vor, die Form bleibe in der Luft. Das wird in Ihnen das Gespür für die Form erwecken.

Geben Sie Ihrem Nachbarn mit dem Gespür für die Form die Hand und sagen «Hallo» oder «Auf Wiedersehen.» Jetzt treffen sich drei Personen und improvisieren dabei jedes Mal, indem sie sich neu aufeinander einstellen. Sie müssen das Gespür für die Form erfahren, die entsteht, wenn sich drei Personen treffen. Sie werden sehen, dass Ihr schauspielerisches Wesen beim Ausführen dieser Übungen immer zufriedener wird.

Nun lassen Sie uns die Erfahrung einiger abstrakter Bewegungen machen. Eine Person nimmt eine Position ein und hält sie, eine weitere Person kommt dazu und nimmt eine Position in Harmonie mit der anderen ein. Dann ein weiterer Schritt. Wir müssen das Gespür für die Form mit einem Thema verbinden, was in unserem Fall eine vorgegebene Musik sein wird. Wir hören uns die Musik an, erfühlen intuitiv das Thema und nehmen ausdrucksstarke Positionen im Einklang mit dem musikalischen Thema ein. Nehmen wir jetzt ein Thema wie Eifersucht.

GESPÜR FÜR LEICHTIGKEIT

Führen wir noch einmal die Übung zum Gespür für Leichtigkeit auf die einfachste Weise aus, indem wir unsere Arme und Hände heben, welche die aussagekräftigsten Elemente in unserem Schauspielerberuf sind. Jetzt nehmen Sie sich einen Stuhl und bewegen ihn mit dem Gespür für Leichtigkeit. Er wird sein Gewicht verlieren, da wir von dem Gespür für Leichtigkeit erfüllt sind. Als nächstes nimmt die ganze Gruppe den schweren Tisch mit dem Gespür für Leichtigkeit und hebt ihn hoch, als habe er gar kein Gewicht. Danach steht jedes Mitglied der Gruppe auf und sagt «Hallo» zur ganzen Gruppe. Das wird für jeden eine kleine Aufführung sein, erneut unter Benutzung des Gespürs für Leichtigkeit. Wenn man probt, ist es manchmal gut, alles fallen zu lassen und sich ganz dem Gespür für Leichtigkeit hinzugeben.

Siebte Unterrichtsstunde

Gespür für das Ganze

28. November 1941

Wenn der Schauspieler das Skript oft genug bildhaft liest, wird er mit vielen neuen Dingen zur Probe kommen. Lassen Sie uns jetzt den Text unserer Szene laut lesen. Während Sie das tun, verlassen Sie sich auf die Atmosphäre und stellen Sie sich vor, wie Sie spielen würden, ohne es tatsächlich zu tun. Die erste Atmosphäre ist chaotisch, wild und ohne jeden Sinn.

BÜHNENBILD – INSZENIERUNG

Das Bühnenbild für das Stück bleibt für die Schauspieler oft völlig abstrakt, aufgrund der falschen Vorstellung, unser Beruf sei irgendwie ein beliebiger. Es ist etwas sehr Vergnügliches, das Bühnenbild so genau zu kennen wie sein eigenes Zimmer. Deshalb müssen wir uns damit vertraut machen, indem wir uns zunächst einmal selbst einige Fragen stellen. Wo sind zum Beispiel die Scheinwerfer? Sie müssen die Atmosphäre im Hinterkopf haben, wenn Sie solche Dinge entscheiden. Wir müssen ein Gespür dafür entwickeln. Es ist nicht gleichgültig, wo die Scheinwerfer sind. Wenn der Regisseur wiederum die Arrangements fixiert, ist das nur sinnvoll, wenn die Schauspieler die Freiheit haben, zu improvisieren, während er inszeniert. Versuchen Sie zu verstehen, wie unsere Szene aussehen kann: 1) Chaotisch, 2) Zusammengeführt durch das Lied. 3) Intim.

Jetzt setzen Sie die ersten Regieanweisungen um. Diejenigen, die Dialog sprechen, sind bereits auf der Bühne, und die anderen kommen hinzu. Die erste Gruppe muss so sprechen, dass es jeder verstehen kann, und die Aufgabe der übrigen ist es, chaotisch durcheinander zu reden, aber ohne von ihren Kollegen abzulenken. Alle Figuren, die nicht sprechen, bewegen sich auf rastlose Weise umher.

Zur Rekapitulation der ersten Schritte für die Inszenierung des Stücks: 1) Das Bühnenbild muss dem Schauspieler in jeder Hinsicht wohlbekannt sein. 2) Finden Sie zunächst die hauptsächlichen Atmosphären in Ihrer Vorstellung und dann mittels konkreter Improvisation nach Vorschlägen des Regisseurs. Wenn die ersten Atmosphären da sind, zusammen mit den spezifischen Arrangements, sind sie die Grundlage für den Regisseur, um zu inszenieren, und die Darsteller können mit Verständnis füreinander spielen. So wird der Regisseur kein Despot sein und die Schauspieler nicht seine Sklaven. Sie werden noch den unwichtigsten Vorschlag des Regisseurs verstehen, weil er aus diesem gemeinsamen Verständnis heraus kommt.

GESPÜR FÜR DAS GANZE

Ich habe gesagt, dass der Schauspieler drei Qualitäten in Form von durchgehenden Fähigkeiten haben muss. Eine ist das Gespür für Leichtigkeit, eine andere das Gespür für die Form, und die dritte können wir das Gespür für das Ganze nennen. Der Schauspieler muss diese Fähigkeiten besitzen, um das Stück als Ganzes zu erfassen, und in diesem Ganzen gibt es wiederum kleine «Ganzheiten». Hat ein Wort eine besondere Bedeutung, muss der Schauspieler dazu fähig sein, dieses Wort als etwas Ganzes zu erfassen.

Diese besondere Fähigkeit, Dinge in Zeit und Raum als etwas Ganzes zu erfassen, ist in mehrfacher Hinsicht wichtig. Erstens verliert sich der Schauspieler, wenn diese Fähigkeit entwickelt ist, nicht in vielen Details, sondern diese werden organische Teile des Ganzen. Wir sehen oft Schauspieler, die eine wunderbare Serie von Einzelheiten zeigen, aber es ist dennoch nicht schön anzusehen, weil dem Schauspieler die Fähigkeit fehlt, sie als das Ganze zu begreifen, als Teil dessen all die «Ausschmückungen» einzig Sinn machen würden.

Das Gespür für das Ganze, das etwas Vergnügliches ist, kann allmählich mit völlig einfachen Mitteln entwickelt werden. Wiederholen wir noch einmal die Übung des Hebens und Senkens der Arme und Hände, mit dem Ziel, diese einfache Sache als etwas Ganzes zu empfinden. Es ist eine rein psychologische Angelegenheit, die Ihnen hilft, alles zu erfassen. Dieses schöne Gefühl *einer* Sache muss erweckt werden. Wenn Sie dieses Gefühl erwecken, werden Sie selbst von diesem «Einen» träumen – so umfassend und schön ist es.

Jetzt führen Sie die Übung zwei Mal mit Ihren Armen aus, dann einmal, und anschliessend machen Sie eine Pause, senken die Arme und gestalten es zu einem Ganzen. Wie kompliziert auch immer die Aufgaben und Verabredungen zwischen Partnern sein mögen, wenn Sie dieses Gespür für das Ganze haben, gibt es Ihnen das absolut korrekte Timing vor. Es ist die beste Inspiration für viele Dinge – Rhythmus, Timing, Bedeutung – alles wird klar.

ÜBUNG

Setzen Sie sich, stehen Sie auf, wechseln Sie den Platz und setzen sich wieder hin. Erfahren Sie das als Ganzes. Ihnen werden viele störende Dinge begegnen, versuchen Sie jedoch, diese mit dem Gespür für «eine» Sache zu überwinden.

VORBEREITEN UND AUFRECHTERHALTEN

ÜBUNG

Fragen Sie Ihren Partner, wie spät es ist; der Partner gibt die Antwort darauf, aber Sie müssen beide das Gespür für das Ganze haben.

Sie werden bemerken, dass dieses Gespür für das Ganze unmöglich ist ohne *Vorbereiten* und *Aufrechterhalten* und dass es sehr angenehm für uns und das Publikum wird. Diese inneren Dinge, die wir nicht zeigen, aber erfahren, sind das, was das Publikum will und braucht.

Jetzt wiederholen Sie die Übung, jemanden nach der Uhrzeit zu fragen, wobei Sie jedoch zusammen das Vorbereiten und das Halten wahrnehmen müssen. Das ist eine komplexe gemeinsame Angelegenheit. Sie erfahren zwei verschiedene Dinge als zwei Wellen, aber immer noch als eine Sache. Erst das Vorbereiten, dann stellen Sie die Frage «Wie spät ist es?», dann halten Sie. Anschliessend beginnen Sie eine andere Welle, indem Sie sagen «Auf geht's», machen weiter und halten es. Alles ein einziger Vorgang.

ENSEMBLE ODER KONTAKT

Wir benutzen das Gespür für das Ganze meistens mit unseren Partnern auf der Bühne, deshalb erfordert es ein sehr differenziertes Verständnis füreinander und eine ebensolche Sensibilität gegenüber unseren Partnern. Es gibt noch weitere Übungen, die uns auf dieses feine Ensemblegefühl oder den Ensemblekontakt vorbereiten.

ÜBUNG

Setzen Sie sich im Kreis, so dass Sie sich gegenseitig sehen können. Um füreinander empfänglich zu sein, genügt es nicht, die andere Person nur zu sehen oder zu hören. Wir brauchen noch ein weiteres imaginäres Organ, das wir in uns erwecken müssen. Bei dieser Übung müssen wir alle gleichzeitig aufstehen, ohne dass vorher eine Verabredung unter uns getroffen wurde, wann.

ÄUSSERE UND INNERE EBENEN DES SPIELENS

Hören Sie sich zu und schauen sich an, und vertrauen Sie auf diese dritte Sache, diese *hochentwickelte Empfindlichkeit.* Damit spielen wir eigentlich, nicht nur mit unseren Händen und Stimmen, sondern noch mit etwas anderem. Das ist eines der Dinge, die wir entwickeln müssen. Die Welt wird grösser für uns, es gibt viele neue Ebenen der Schauspielkunst, und das Publikum wird gebannt sein. Sofern es mindestens zwei Ebenen gibt: eine physische und äussere und diese andere innere Sache, die wir gerade erlebt haben.

Achte Unterrichtsstunde

Die Rolle des Regisseurs

1. Dezember 1941

MITTEL, SICH DEM STÜCK ZU NÄHERN

Um an unserem Sketch weiterarbeiten zu können, müssen wir noch einen anderen Punkt untersuchen, der uns zur nächsten Serie von Proben führen wird. Es gibt bei Menschen einen sehr interessanten Prozess, vor allem bei Schauspielern, der nicht nur für die Vorbereitung einer Rolle nützt, sondern auch dem Regisseur. Er scheint mir einerseits den Prozess der Rollenfindung deutlich zu erleichtern und andererseits die Vermittlung der Vorstellungen des Regisseurs gegenüber den Schauspielern, ohne jede Notwendigkeit, viel zu reden oder zu philosophieren.

Letzteres ist oft der Fall, und es galt vor allem für das Moskauer Künstlertheater. Wir sassen monatelang am Tisch, sprachen über unsere Rollen und Figuren, lernten immer mehr über das Stück, doch keiner von uns war in der Lage, zu spielen anzufangen! Dann kam der schwierigste Moment, die schwierigste Phase, als wir zu reden aufhörten und zu arbeiten begannen und merkten, dass unser ganzes Analysieren der Rollen und des Stücks nichts gebracht hatte. Unser intellektueller Ansatz erstickte unsere Sehnsucht und Fähigkeit zu spielen, und es dauerte einige heikle Tage, bis wir uns daran erinnerten, dass wir Schauspieler waren.

Aber es gibt einen Weg, sich dem Stück und der Rolle zu nähern, ohne zu viel zu reden. Für den Einstieg in die Arbeit ist er mit Sicherheit gut; ich habe ihn mit Erfolg erprobt, doch es bleibt die Frage, wie lange er im Probenprozess beibehalten werden kann. Es geht um Folgendes. Wir können es uns leicht vorstellen, wenn wir sozusagen ein Auge schliessen, aber was sehen wir dann? Wir erkennen, dass wir verpflichtet sind, zwei Dinge auf der Bühne zu tun, und diese enthalten alles, was die Schauspielkunst überhaupt betrifft. Das eine ist: Wir müssen immer etwas *machen*, ob äusserlich in Form von Bewegung und Sprechen, oder indem wir uns innerlich einem Ziel nähern, einer Überaufgabe, die wir uns gestellt haben. In beiden Fällen handelt es sich um eine Bewegung, entweder sichtbar oder unsichtbar. Der zweite Teil dieser allumfassenden Angelegenheit ist, wie wir sie ausführen. Wenn wir in der Anfangsphase unserer Arbeit wirklich versuchen, die Rolle und das Stück unter dem Blickwinkel zu verstehen, *was* getan werden muss und *wie* es getan werden muss, haben wir alles Nötige.

WILLE, AKTIONEN UND QUALITÄTEN, GEFÜHLE

Wenn ich Sie zum Beispiel bitte, einen Stuhl zu nehmen und ihn an eine bestimmte Stelle zu stellen, dann tun Sie etwas, führen also das «Was» aus. Bleibt die Frage, «wie» Sie es tun. Alle vorstellbaren Formen dieses «Wie» sind Qualitäten meines Tuns, meines Spiels. Ich kann es mit der Qualität der «Sorgfalt» tun, eine typische schauspielerische Qualität. Einfaches, aber komplettes Spielen. Ich *tue* etwas mit einer bestimmten *Qualität.* Sie können sich beispielsweise sagen: keine Gefühle, keine Philosophie, keine Psychologie oder derartiges, nur die auszuführende Handlung mit den gewählten Qualitäten. Dadurch erwecken Sie das Wichtigste am Beruf des Schauspielers zum Leben: Ihre Gefühle. Sie können den Stuhl nicht mit der Qualität der «Sorgfalt» verrücken, ohne etwas in sich zu erwecken. Sie können alles tun, mit allen möglichen Qualitäten. Wie auch immer Sie es nennen wollen, es kann eine Qualität werden. Das ist ein wichtiger Schlüssel für die Spielweise, und mit ihm wird alles einfach.

Nehmen wir als Beispiel Hamlet und Horatio auf der Burgmauer, während sie auf das Erscheinen des Geists warten. Was macht Hamlet? Einerseits projiziert er seine Erwartung. Das kann er etwa mit der Qualität «Aufregung» tun, und sofort entsteht etwas: Der erste Stein, auf den Sie anderes bauen können. Der Regisseur kann Ihnen zum Beispiel sagen, Sie sollen zwei Qualitäten verbinden: «Aufregung» und «Wärme». Alles wird möglich. Sie werden auf immer kompliziertere Dinge kommen, und die Rolle kann aus schauspielerischer Sicht entsprechend schnell vorbereitet werden. Aber wirklich vorbereitet, nicht voll der üblichen Klischees.

Andererseits appellieren die einfache Aktion und die einfache Qualität an Ihr tiefstes inneres Leben. Wir sprechen unsere Gefühle nicht als Erstes an, wir zerreissen nicht unsere Seele, um an unsere Gefühle heranzukommen, die man so ohnehin nicht findet. Wenn der Schauspieler nicht an seine Gefühle herankommt – zum Beispiel zärtliche Liebe zu einem Kind –, wenn er dem Regisseur sagt, er habe nie ein Kind gehabt, antwortet ihm der Regisseur, jeder könne seinen Aktionen die Qualität von Zärtlichkeit und Liebe verleihen.

Genauso können wir die Aktion des Stuhlverrückens mit «Sorgfalt» nehmen. Auch sie ist nicht das Ergebnis, sie dient lediglich als Sprungbrett zum Erwecken der beiden zentralen Dinge, die Schauspieler immer voll und ganz benutzen müssen: unseres Willens, also der Aktion, und unserer Gefühle. Als Aktion müssen wir einfach auswählen, *was* zu tun ist, und für die daraus resultierenden Gefühle müssen wir uns für eine *Qualität* entscheiden, also *wie* es zu tun ist.

Angenommen, Sie wählen einen von Hamlets Monologen. Entsteht die Qualität durch das, was Sie tun?

Es ist eigentlich ein und dasselbe. Was Sie tun und die Qualität, mit der Sie es tun, ist ein und dasselbe, auf das Sie sich festlegen. Die Aktion diktiert nie die Qualität und die Qualität nie die Aktion, es ist eine Einheit.

Nehmen wir Hamlets Monolog «Jetzt bin ich allein». Wie er den Tod seines Vaters rächt, ist von bestimmten Gefühlen geprägt. Seine Aktion besteht darin, den Tod des Vaters zu rächen, doch mit bestimmten Qualitäten, also verschiedenen Formen von «wie».

Mein Ziel war es, selbst die kompliziertesten Dinge zu vereinfachen, und deshalb habe ich von der Aktion als einer Geste gesprochen.

Nehmen wir an, bei Julias Textstelle «O Romeo, Romeo, warum bist du Romeo?» besteht ihre Handlung darin, die Entfernung zu überwinden, ihn zu finden, und ihre Qualität ist die der «Sehnsucht». Bestünde ihre Aktion darin, jemanden mit der Qualität der Sehnsucht anzurufen und dem würde man all die anderen Dinge hinzufügen?

Richtig. Aber lassen Sie uns noch etwas hinzufügen. Wenn wir unsere Aktion beschreiben, tun wir das, indem wir darüber sprechen. Machen wir dasselbe mit den Qualitäten, sind wir zurück im Moskauer Künstlertheater und endlos am Reden! Deshalb muss man diese ganze komplizierte Julia-Angelegenheit «herumtastend» finden, und dafür brauchen wir nur unser Talent als Schauspieler. Die Schauspielerin sagt: «Ich taste herum», wenn sie alle ihre Aktionen noch nicht kennt. Derart komplizierte Handlungen wie die Julias müssen bis zu einem Grad vereinfacht werden, an dem die Schauspielerin sie mit simplen körperlichen Gesten zeigen kann – mit Armen, Händen, ihrem Körper – dann sind wir am richtigen Punkt angelangt.

Nichts kann einfacher und attraktiver für uns Schauspieler sein. Julia «tastet» also in diesem Augenblick herum, aber mit welcher Qualität? Der Qualität von «Verlangen». Führen Sie jetzt dieselbe Geste aus, jedoch mit der Qualität von Verlangen in Ihren Fingern, Händen, Armen, Ihrem ganzen Körper. Wenn Sie Ihren angestrebten psychologischen Zustand erreichen und ihn in eine einfache körperliche Geste mit einer bestimmten Qualität verwandeln, haben Sie die Grundlage für Ihre Rolle und können Ihr eigenes emotionales Leben und Ihre Willensimpulse freisetzen. Ihre kreative Vorstellungskraft und alles andere werden dazukommen, bis Sie inspiriert wirken, alles von selbst läuft und Sie einfach am Spielen sind.

ATMOSPHÄRE

Ich wollte Ihnen schon seit einiger Zeit eine Frage über die Atmosphäre stellen. Ich habe gesehen, wie sehr gute Schauspieler zu etwas sehr Schlechtem verführt wurden, was ich «die Stimmung spielen» nennen möchte, im Sinne von das Resultat der Stimmung spielen. Zehn oder zwanzig Minuten lang sehen wir nicht, was der Schauspieler macht, wir sehen ihn nur eine bestimmte Stimmung projizieren. Viele gute Schauspieler werden durch einen Mangel an Aktion dazu verleitet. Wie lässt sich das vermeiden?

Zunächst einmal möchte ich antworten, dass Sie bei der ganzen Methode, die wir erforschen, keine einzige Sache finden werden, bei der wir an die Gefühle appellieren, weil das der gefährlichste, tückischste Weg wäre. Sobald wir an unsere Gefühle appellieren, sind wir ausser Kontrolle. Wir verlieren den Handlungsfaden, geraten ins Taumeln, was unsere Stimmung betrifft, und werden dabei immer verlogener. Alle Punkte, über die wir sprachen, sind lediglich Wege zu den Gefühlen, aber wir rufen diese Gefühle nie unmittelbar an. Ich habe versucht, zu erklären, dass wir uns die Atmosphäre um uns herum mit bestimmten Dingen angereichert vorstellen müssen. Das bewahrt uns davor, zu sehr auf die Gefühlstube zu drücken. Stellen wir uns zum Beispiel die Luft in einer Kathedrale vor – angereichert mit Ehrfurcht –, so reagieren unsere Gefühle natürlich darauf.

Ich glaube nicht, dass sich die Atmosphäre definieren lässt. Sie entsteht über die eigene Beziehung zum Objekt oder zur Person. Beispielsweise ist die Beziehung dieser Klasse zu Michael Tschechow eine Atmosphäre. Diese Atmosphäre veränderte sich bereits, und meine Haltung unterscheidet sich stark von der aller anderen in der Klasse, sie wurde zu etwas Persönlichem, Individuellem.

Meiner Meinung nach ist die Atmosphäre das Gefühl, das sich bei einem einstellt, und sie kann eine völlig individuelle Reaktion auf etwas sein, sagen wir das Mondlicht, den Garten, den Balkon usw. Man hat nicht dasselbe Gefühl wie bei Tageslicht am Strand. Wenn man die Atmosphäre im Zusammenhang mit einer Aktion benutzt, kann man sich nicht auf eine Stimmung einlassen. Man hat seine Aktion, die nicht statisch werden kann, und man drückt sich selbst dadurch aus. Beispielsweise reagiert jeder von uns auf die Nacht, nur unterschiedlich.

Ich glaube, wir verwechseln zwei Dinge: Spielen und unsere persönlichen Gefühle. Wenn wir eine Situation und eine Atmosphäre angesagt bekommen und uns entscheiden, auf eine Atmosphäre von «Ehrfurcht» hinzuarbeiten, ist es unwichtig, was ich fühle, ich muss nur auf die Atmosphäre hin arbeiten.

Heisst das, man solle keine individuellen Reaktionen haben? Wo liegt die Schwierigkeit?

Was können wir von der verallgemeinerten Atmosphäre bekommen, stärker als von der bestimmten Figur und ihren bestimmten Reaktionen? Sie sagen beispielsweise, es gebe eine allgemeine Atmosphäre der Kneipe im Mondlicht. Was können wir von der bekommen, das anders als die individuelle Reaktion ist?

Die Atmosphäre, so wie wir über sie gesprochen haben, muss man sich als etwas *objektiv* Existierendes vorstellen. Zunächst einmal müssen wir uns selbst vergessen. Ob wir als Einzelne die Kathedrale als etwas Ehrfurchtgebietendes erfahren, ist nicht wichtig. Wichtig ist unsere Vorstellung des Stücks, in dem sich dieser Moment ereignet. Unterschiedliche Figuren kommen in diese Kathedrale: Eine empfindet Ehrfurcht, eine andere ist gleichgültig, während die dritte vielleicht zynisch reagiert. Das ist das Thema des Stücks – eine zynische Figur inmitten einer ehrfurchtgebietenden Atmosphäre –, sonst würde der Zynismus gar nichts bedeuten.

Ist das nicht vielleicht einfach ein Klischee, wenn Sie sagen, die Kathedrale flösse Ehrfurcht ein oder das Mondlicht sei romantisch?

Wir können viele Beispiele nehmen. Wenn wir eine Kathedrale auf der Bühne haben, hängt die Atmosphäre vom Stück ab und dem, was darin passiert. Denken Sie an T. S. Eliots *Mord im Dom* und seine Atmosphäre. Ich habe die Kathedrale und den Verkehrsunfall nur als Beispiele benutzt, aber in unserem Verständnis von Atmosphäre gibt es keine Klischees. Wir müssen verstehen, dass wir, egal ob wir die Atmosphäre im alltäglichen Leben oder in einem Stück zu finden versuchen, sie absolut objektiv aus der Lebenssituation oder dem Stück heraus entwickeln müssen.

Stellen wir uns die Kathedrale mit der ehrfurchtgebietenden Atmosphäre vor. Ob ich zynisch reagiere oder voller Ehrfurcht, ist meine persönliche Angelegenheit, doch sobald ich eine Rolle in einem Stück spiele, für das der Regisseur eine Atmosphäre der Ehrfurcht will, muss ich sie mir vorstellen, weil ich Teil einer Inszenierung bin. Auch wenn ich die Rolle eines Zynikers spiele, muss ich sie mir trotzdem vorstellen, weil ich sonst nicht weiss, was ich in der Inszenierung zu tun habe.

Muss der Schauspieler die Atmosphäre als eine bestimmte Figur erzeugen?

Sagen wir, wir haben uns entschieden, die Atmosphäre der Ehrfurcht zu erschaffen, die das Stück verlangt. Das müssen wir mittels der Vorstellung tun, die Luft um uns herum sei mit Atmosphäre gefüllt. Dann passiert das Gefühlsding. Je mehr Sie in Ihre Figur hineinwachsen, desto mehr reagieren Sie als eine Figur auf diese Atmosphäre, und wir haben genau das, was der Autor will. Er verbindet viele verschiedene Figuren in der einen Atmosphäre einer Szene, eines Aktes oder des ganzen Stücks. Doch Sie müssen sie akzeptieren, unabhängig davon, ob Sie als eine der Figuren sich zynisch gegenüber dieser Atmosphäre der Ehrfurcht verhalten oder ihr sympathisch gegenüberstehen, sonst sind Sie raus aus dem Stil der Inszenierung und nicht Teil der Szene.

Angenommen, Sie sind eine zynische Figur, und der Regisseur sagte Ihnen, die Atmosphäre sei eine der Ehrfurcht, was passiert mit Ihrer Figur?

Ich reagiere, wie die Figur reagieren würde, aber damit man auf etwas reagieren kann, muss es erst einmal da sein. Wenn es für mich keine Atmosphäre der Ehrfurcht gibt, weil ich eine zynische Figur bin, dann bin ich nicht Teil der Inszenierung. Ich erzähle Ihnen später, was die Reihenfolge der Arbeit ist.

Meinen Sie, die Atmosphäre wird durch das Stück erzeugt und ist das Resultat davon?

REIHENFOLGE DER ARBEIT: ATMOSPHÄRE – GESTE MIT QUALITÄTEN – CHARAKTERISIERUNG

Ich schlage vor, wir lassen die Frage, woher die Atmosphäre kommt, weil sie uns zu einer psychologischen Analyse führt, die uns nichts nützt. Ihre Intuition als Schauspieler akzeptiert beispielsweise in unserer Szene die Atmosphäre einer völlig verdreckten Kneipe. Ihr schauspielerisches Bewusstsein ermöglicht Ihnen, intuitiv die Atmosphäre zu erfassen und sie sich um sich herum vorzustellen, und mehr brauchen wir nicht. Gleichzeitig müssen wir die Gesten mit den entsprechenden Qualitäten ausführen sowie die Charakterisierung. *Das führt zu folgender Reihenfolge:* 1) Atmosphäre. 2) Geste mit Qualitäten. 3) Charakterisierung – und die ganze Komposition ist auf die einfachste Weise vorhanden.

Natürlich gibt es einen noch einfacheren Weg, der darin besteht, Klischees zu benutzen, doch dem verweigern wir uns, weil Klischees der Seele des Schauspielers mehr schaden als nützen. Aber um den Weg zu diesen plastischen, lebendigen und originellen Dingen zu finden, müssen wir etwas tun: Wir müssen unsere Energie opfern.

Es gibt zwei Wege dazu. Der eine ist ein langer und wurde am Moskauer Künstlertheater bis ins kleinste Detail entwickelt: Das war die Analyse. Natürlich haben sie auf lange Sicht gut gespielt, doch diese Analyse war fast eine Krankheit. Der andere Weg ist der, über den wir sprechen: Dinge zu vereinfachen, ohne etwas zu verlieren. Um eine Geste auszuführen, benutzen wir alles – unseren Willen. Indem wir die Qualitäten anwenden, erwecken wir unsere Gefühle. Indem wir die Atmosphäre schaffen, umhüllen wir das Stück mit seiner Seele, und auf diese Weise schaffen wir einen neuen, raffinierten Zugang zu ihm. Die Schauspieler drücken sich viel freier aus, als wenn sie unter dem Druck von Klischees stünden oder von intellektuellen Spekulationen durchdrungen wären, die zwar clever sind, aber der Schauspielkunst abträglich.

Die Atmosphäre gehört mehr zum Stück oder zur Szene, und die persönliche Reaktion der Figur gehört zu dieser, so dass die auf die Atmosphäre reagierende Figur die Figur im Stück ist. Eine Figur, die nicht die Atmosphäre erschafft oder auf sie reagiert, bleibt ein Fremdkörper. Nehmen wir zum Beispiel an, Sie müssen eine Atmosphäre der Angst entwickeln und darauf persönlich reagieren. Vielleicht sagen Sie dem Regisseur, Sie seien furchtlos, dazu haben Sie als Privatperson auch das Recht, wenn Sie nicht spielen, doch da Sie ein Schauspieler sind – egal ob als Individuum furchtlos oder nicht –, hat das keine Bedeutung für unseren Beruf. Als Schauspieler müssen wir das Klima der Angst um uns herum erzeugen, um in der Inszenierung spielen zu können. Also müssen wir beim Spielen unsere eigene Persönlichkeit aufgeben.

VERWANDELTE GEFÜHLE

In diesem Zusammenhang habe ich bei unserem ersten Gespräch etwas erwähnt, auf das ich jetzt zurückkommen möchte. Vielleicht behaupten wir, es sei unser eigenes Gefühl, wenn wir etwas auf der Bühne fühlen, und dass es alleine aus uns kommt. Aber das ist nicht ganz richtig. Selbstverständlich fühlen wir Dinge, doch es gibt zwei verschiedene Bereiche mit zwei verschiedenen Arten von Gefühlen. In dem einen Bereich sind die Gefühle, die wir durch den «Tod des Grossvaters» erwecken, über die wir gesprochen haben. Der Schmerz über den Tod Ihres Grossvaters ist vielleicht noch frisch, aber er ist privat, und Sie können ihn nicht spielen. Selbstverständlich kann er Ihnen helfen, wenn Sie eine traurige Rolle spielen. Doch es gibt noch einen anderen Bereich der Gefühle, nämlich derjenigen, die völlig verwandelt aus einem unterbewussten Bereich Ihres Lebens kommen.

Durch unser Unterbewusstes haben wir alle diese Gefühle erfahren. Wenn wir also das frische Gefühl einzusetzen versuchen, mit dem wir gerade leben, könnte das gefährlich für unsere Nerven sein. Wenden wir jedoch die verwandelten Gefühle an, die durch einen komplizierten Prozess gegangen sind, können sie uns nichts anhaben, weil sie in uns sind und uns definieren.

Wenn wir wissen, wir spielen gut, überrascht uns das selbst, und wir fragen uns vielleicht: Woher weiss ich das? Ich habe es doch noch nie erfahren. Die Reaktion auf die Atmosphäre bedeutet, dass man auch tatsächlich darauf reagiert. Persönlich haben wir das Recht zu sagen, wir empfänden keine Ehrfurcht in einer Kathedrale, aber sobald wir Schauspieler sind, müssen wir sie haben. Wenn ich beispielsweise eine zynische Person bin, stelle ich das privat oft aus, weil wir in unserer Alltagspersönlichkeit stocksteif sind. In unserer schöpferischen Individualität gibt es jedoch beide Möglichkeiten. Dort gibt es endlos viele Dinge, weil wir mit unserem kreativen Geist fähig sind, Sachen zu verbinden, an deren Kombination wir im Alltagsleben nicht einmal zu denken vermögen. Sagen wir etwa, ich bin ein religiöser Mensch und gleichzeitig ein Atheist – es ist schwer, sich eine solche Person vorzustellen, aber in diesem anderen Bereich existiert beides. Unbeschreibliche Schönheit ausserhalb von Zeit und Raum, alles ist vereinigt im Bereich der *verwandelten Gefühle.*

Was unterscheidet diese Dinge von einem Klischee?

Klischees können wir uns folgendermassen vorstellen: Sie gibt es nur im privaten Gefühlsleben, nicht bei den verwandelten Gefühlen, da dort absolute Freiheit herrscht. Klischees sind nötig, weil wir sehr beschränkte Personen sind. Also greifen wir auf sie als den leichtesten Weg zurück, aber sobald wir es schaffen, in den Bereich der verwandelten Gefühle vorzudringen, brauchen wir sie nicht mehr. Wenn Sie natürlich über eine religiöse Person oder einen Atheisten im Sinne Ihrer intellektuellen Vorstellung sprechen, werden Sie erkennen, dass es sich um Klischees handelt.

Unser Intellekt besteht aus einer Reihe subtiler oder plumper Klischees, doch in unserem kreativen Geist gibt es Konzepte von verwandelten Vorstellungen, verwandelten Gefühlen und Willensimpulsen. Die ganze Methode besteht für mich darin, der Schlüssel zu sein, um die Tür zu dieser Welt verwandelter Dinge zu öffnen. Haben wir einen Weg zu ihnen gefunden, brauchen wir keine Klischees. Natürlich wird uns unser Körper zwingen, Klischees zu benutzen, die hier und da in uns vorhanden sind, aber wir müssen uns nach und nach von ihnen befreien.

Es sollte ein kontinuierlicher Prozess sein, im Gegensatz zu Klischees, die immer etwas Fixiertes und Rigides sind.

Ja. Die Geste ist immer ein kontinuierlicher Prozess. Klischees sind rigide Dinge, während der andere Bereich ein endlos ablaufender Prozess ist. Unter verwandelt verstehe ich: unserem Leben anverwandelt. Sie haben zum Beispiel etwas sehr Angenehmes erlebt und sind immer noch ganz glücklich darüber. Es ist noch nicht verwandelt, doch Sie legen sich schlafen und vergessen es vielleicht. Dann finden Sie als Person unvermittelt neue Fähigkeiten in sich. Woher kommen die? Sie kommen von dieser Freude, diesem Glück.

Es ist verwandelt, weil die Emotion etwas anderes ist als zuvor?

ZWEI ZUSTÄNDE DES BEWUSSTSEINS

Es verwandelte sich, als es unbewusst wurde. Dieser Prozess hängt nicht von uns ab. Andauernd verschwindet und verwandelt sich etwas in uns. Es verwandelt sich in dem Sinne, dass wir es jetzt objektiv sehen. Wir sind frei davon. Wenn ich mich wegen etwas oder jemandem sehr quäle, kann ich dem gegenüber nicht objektiv sein: Es ist ich, ich, ich. Wenn ich es vergesse, wird derselbe Schmerz reicher, und ich sehe ihn objektiv. Ich kann ihn für meine Rolle benutzen. Der wirklich gute Schauspieler ist ein rundum kompletter. Er kann lachen und weinen und bleibt dabei so objektiv, dass er genau sieht, was seine Schwester gerade in der ersten Reihe macht. Das bedeutet auf der Bühne wirklich frei zu sein.

Wenn wir von einer Rolle besessen sind, fast unsere Partner umbringen, Stühle zertrümmern usw., sind wir nicht frei, und es handelt sich nicht um Kunst, sondern um Hysterie. In Russland dachten wir eine Zeit lang, beim Spielen müssten wir alles vergessen. Das war natürlich falsch. Dann entdeckten einige unserer Darsteller, worin die richtige Art der Darstellung besteht: wenn wir spielen und dabei voller Gefühle sind, aber doch in der Lage, mit unseren Partnern Witze zu machen; wenn wir *zwei verschiedene Arten von Bewusstsein* haben.

CHARAKTERISIERUNG

Ich möchte Sie nach der Charakterisierung fragen und danach, wo ich die dafür nötigen Dinge finde. Wenn Sie nach entsprechendem Material suchen, verwenden Sie dann Dinge von Leuten, die Sie gut kennen?

Natürlich können Sie Leute aus Ihrer Umgebung als Anregung nützen, es ist allerdings noch besser, wenn Sie Ihre eigene Vorstellungskraft einsetzen, dann erhalten Sie eine ganze Serie von Anregungen, unter denen Sie auswählen können. Sie lassen sich verschmelzen oder kombinieren, und parallel dazu können Sie Ihre Freunde oder Feinde beobachten und Züge von diesen übernehmen.

Ich versuchte, eine Qualität einer mir bekannten Person für eine Figur zu nützen, aber dabei kamen mir meine eigenen Gefühle für diese Person in die Quere. Es war eine Willensqualität, die mir nicht sympathisch war, die mir jedoch für die Charakterisierung richtig schien und für die psychologische Geste der Figur. Ich konnte mich aber nicht von meinen persönlichen Gefühlen für diese Person befreien.

Das ist lediglich eine Frage der Entwicklung der Objektivität, von der ich sprach. Sie kommt, sobald Sie bestimmte Mittel anwenden. Sie werden immer objektiver in dieser Hinsicht, und die Fähigkeit zur Konzentration bringt Sie dahin, frei von persönlichen Gefühlen zu sein. Dann kommt der Moment, an dem Ihre persönlichen Verbindungen an Bedeutung verlieren und Sie nicht mehr stören.

Sie bemerkten, dass die Verwandlung lange, nachdem sich etwas ereignete, stattfinden kann. Wenn jemand zum Beispiel eine ihm völlig fremde Rolle spielt, muss man seine eigene Vorstellung davon nützen und das Bild der Rolle im Stück. Ein Beispiel: Es gab ein Stück von Langston Hughes mit dem Titel Mulatto, dessen Prämisse darin bestand, dass ein Junge ein Mulatte war, aber dagegen rebellierte. Einmal spielte ein Junge aus Texas die Rolle mit grossem rassistischen Vorurteil – der Text gibt diese Variante her – jedoch anstatt sich vom Autor an die Hand nehmen zu lassen, spielte der Darsteller seine persönliche Interpretation, ruinierte das Stück, lieferte aber selbst eine gute Darstellung.

DIE SCHÖPFERISCHE INDIVIDUALITÄT – DIE HÖHERE INDIVIDUALITÄT

Das ist ein interessantes Problem, denn es trifft exakt das Problem unserer schöpferischen Individualität. Unsere schöpferische Individualität hat eine bestimmte Weltanschauung. Und diese Weltanschauung ist etwas immens Wertvolles, sofern es sich um die der schöpferischen Individualität handelt und nicht nur um Ihre eigenen politischen Überzeugungen, sofern es die Stimme Ihrer schöpferischen Individualität ist, Ihre individuelle Vorstellung.

Vielleicht war Ihr Beispiel kein besonders schlagendes für die schöpferische Individualität. Wenn der Schauspieler absolut objektiv wird, mag es theoretisch so erscheinen, dass dadurch der individuelle Standpunkt verlorengeht. Es ist jedoch genau das Gegenteil der Fall, da wir uns in der Welt des kreativen Geistes befinden, die sich völlig von unserer üblichen Vorstellung eines menschlichen Wesens unterscheidet. Deshalb gilt: Je objektiver wir als Künstler sind, desto mehr Freiheit hat der Einzelne, die Figur auf diese oder jene Weise zu interpretieren. Je weniger objektiv wir sind, desto mehr hängen wir von unseren alltäglichen Gefühlen ab, und desto weniger kommt unsere schöpferische Individualität zum Ausdruck.

Es ist falsch, sich einem Stück oder einer Rolle mit rein persönlichen Willensimpulsen oder Ideen zu nähern. Daher kommt auch die Auffassung, man müsse Shakespeares *Hamlet* inszenieren. Ich kann aber dessen Vorstellung von *Hamlet* gar nicht kennen, nur meine eigene. Und das ist das Einzige, was das Publikum sehen will, ob es sich dessen bewusst ist oder nicht. Wir bewundern die alten Meister schliesslich nicht wegen ihren blauen oder grünen Farben oder ihren Gestalten, sondern weil wir bei Raffael etwas sehen, das wir bei Rembrandt nicht finden können.

ZUSAMMENARBEIT ZWISCHEN AUTOR, SCHAUSPIELER UND REGISSEUR

Verkörpert der Schauspieler diese Beziehung zum Stück? Und wenn ja, wie kommt dann der Autor ins Spiel?

Es ist eine Verbindung. George Bernard Shaw etwa ist ein Autor, der keine Ahnung von Theater hat. Er denkt, es gebe nur ihn auf der Welt, und wenn er sich eine seiner Dialogzeilen auf eine bestimmte Weise vorgestellt hat, müsse sie auch so dargeboten werden. Seltsamerweise mischt er sich immer störend in die Regie ein und macht völlig absurde Dinge! Aus der Sicht des Theaters ist das absolut geschmacklos. Shaw hat eine Vorstellung von seinem Stück, der Schauspieler eine andere und der Regisseur wieder eine andere.

Im Bereich des kreativen Theaters gibt es nichts, das nicht mit etwas anderem verschmolzen werden könnte. Wenn beispielsweise Shaw und der Schauspieler ihre jeweilige Vorstellungskraft kombinierten, müsste Shaw dem Schauspieler dankbar sein, weil der ihm etwas erklärt. Dasselbe gilt für den Schauspieler. Begegnet der Schauspieler George Bernard Shaw offen, erhält er sehr viel an Inspiration von ihm, und seine Darstellung wird die Interpretation Shaws plus die des Schauspielers sein. Doch wenn sich einer dem anderen unterwirft, ist das falsch.

Benutzt der Schauspieler wirklich die *höhere Individualität*, die *schöpferische Individualität*, braucht er den Autor, und indem er ihn akzeptiert, verwandelt er ihn. Natürlich haben wir alle auch gewisse ethnische Prägungen, die unser Spiel stark beeinflussen. Aber davon müssen wir uns zunehmend zu befreien versuchen, indem wir unsere höhere Individualität entwickeln.

Vor einigen Tagen sprachen wir über die vielen Gesten, die Ausländer machen. Doch wenn ich einen Engländer spiele, muss ich die englische Art benutzen, Arme und Hände zu bewegen. Ich muss aufhören, ein Russe zu sein und frei genug, einen Engländer zu spielen. Wie kann ich das schaffen? Ich muss mir das Stück lange genug vorstellen, um meine russische Reaktion darauf loszuwerden. Es geht zum Beispiel nicht darum, eine Art Hass durch eine andere Art Hass zu ersetzen. Nein. Ich muss die Figur in meiner Vorstellung so genau untersuchen, dass sie gereinigt wird. Dabei werde ich durch diesen Prozess der Imagination, aus dem die Kunst besteht, selbst immer künstlerischer. Schliesslich kommt der Moment, an dem Sie frei sind von allem, was Sie aus Ihren Niederungen holen müssen. Dinge aus anderen Quellen stellen sich ein, und Sie werden erkennen, dass sie objektiv wahr sind. Sie werden zum Beispiel diese Art objektiven Hasses verstehen. Damit wären wir wieder im Bereich der verwandelten Gefühle.

Deshalb sagen Sie, der Schauspieler müsse eine besondere Art Person sein, die alle diese verschiedenen Dinge fühlen kann.

Jeder Schauspieler weiss, es gibt noch eine andere Art, Dinge zu wissen, als die herkömmliche. Sie muss trainiert werden, damit sie für den Schauspieler wichtiger wird als die herkömmliche.

Neunte Unterrichtsstunde

Die psychologische Geste

5. Dezember 1941

GESTE – AKTION – BEWEGUNG

Wir müssen uns erneut auf die Frage der Geste stürzen, um sie abschliessend behandeln zu können. Wie bereits ausgeführt, lässt sich alles, was passiert, wenn wir auf der Bühne proben, als *Geste* oder *Aktion* oder *Bewegung* interpretieren. Welchen Begriff wir auch immer benutzen wollen. Unter dem Begriff Geste können wir alles zusammenfassen, was ich Ihnen erzählen werde. Alles lässt sich in eine Geste mit Qualitäten verwandeln. Das scheint mir der einfachste Weg, sich dem Text zu nähern, und er entspricht dem Wesen des Schauspielers. Wir schlagen dadurch zwei Fliegen mit einer Klappe.

DIE PSYCHOLOGISCHE GESTE

Fragen wir uns, welche sprachlichen Begriffe existieren, um bestimmte psychologische Zustände zu beschreiben, fällt uns auf, dass das, was wir als rein psychologischen oder seelischen Zustand betrachten, der nichts mit Gestik zu tun hat, dennoch als Geste bezeichnet wird. Wir sagen zum Beispiel, wir «ziehen eine Schlussfolgerung», als zeichneten wir ganz konkret etwas. Die Sprache verrät uns all die Gesten, die unsere Seele beim «Ziehen einer Schlussfolgerung» vollführt.

Wir müssen mutig genug sein, uns den Begriff «eine Schlussfolgerung ziehen» vorzustellen und das auch körperlich in den Vorgang des Zeichnens einer Linie umzusetzen. Wenn wir dann mit unseren Händen in der Luft eine Zeichenbewegung ausführen, verstehen wir anhand dieser Geste mehr über die menschliche Psychologie und das Spielen, als wenn wir versuchten, darüber nachzudenken. Das ist ein Kennzeichen der menschlichen Psyche.

Für eine Geste lässt sich jede beliebige Qualität verwenden. Stellen Sie sich eine Figur in einem Stück vor, die eine Schlussfolgerung zieht. Wir können den entsprechenden Prozess proben, indem wir die Geste auswählen. Sagen wir, die Geste sieht so aus und die Qualität ist «nachdenklich». Oder wir können eine Schlussfolgerung «listig» ziehen. Die Geste wird mir sehr viel mehr über die Psychologie der Figur sagen, als wenn ich da sässe und darüber *nachdächte*, wie eine Figur ihre Schlussfolgerung zieht. Natürlich meine ich nicht, dass wir diese vorbereitende Geste auch spielen müssen. Sie ist nur ein Mittel, sich der Szene zu nähern, der Figur und dem Stück, und es geht damit leichter als auf jede andere Art und Weise.

Nehmen wir ein anderes Beispiel: «einen Gedanken unterbrechen». Wir müssen nur herausfinden, welche Art von Unterbrechung in der Psychologie einer Person stattfindet. Das Unterbrechen kann auf unterschiedliche Weise stattfinden, mit ganz unterschiedlichen Qualitäten. Oder nehmen wir «in ein Problem eintauchen». Wir können an einen Punkt gelangen, an dem all diese Gesten für die Seele und den Verstand des Schauspielers etwas völlig Selbstverständliches geworden sind. Dann erkennt der Schauspieler: Egal, wie er das Problem der Vorbereitung seiner Rolle angeht, alles wird das Bedürfnis in ihm wecken, eine vorbereitende Geste auszuführen, und dafür kann er die Atmosphäre benutzen.

So lässt sich die Atmosphäre «ruhiger Erwartung» als eine Geste erfahren. Die Atmosphäre ist überhaupt immer eine Geste. Nehmen wir ein weiteres Beispiel, unsere berühmte «Ehrfurcht» in der Kathedrale. Gibt es nicht vielleicht eine Geste für diese Ehrfurcht? Sie werden keine Atmosphäre finden, die nicht in die Sprache des Schauspielers, die der Geste, übersetzt werden kann. In der ganzen menschlichen Psychologie gibt es Gesten. Wir haben die Atmosphäre als Geste.

Die Überaufgabe kann auch eine Geste sein. Die Überaufgabe ist etwas, das wir bekommen oder erreichen wollen, und der einfachste Weg, es zu erfahren, ist die Ausführung einer Geste. Meine Überaufgabe kann zum Beispiel lauten: «Ich will dich überzeugen, dass es so ist». Intellektuell ist das ziemlich klar, aber das hilft dem Schauspieler überhaupt nicht. Die Geste ist jedoch ein absolut freies Feld, um es zum Ausdruck zu bringen, und es gibt eine enorme Vielfalt an Gesten. Die Ausstrahlung können wir als einen anderen Punkt nehmen. Ich kann «meine Bewunderung» auf alle möglichen Arten und Weisen «ausstrahlen».

Wir können jeden Punkt der Methode nehmen und ihn in eine Geste verwandeln. Bei der Probe müssen wir ihn in eine körperliche Geste verwandeln und dabei unseren ganzen Körper einsetzen. Wozu? Wenn wir bis zum Anschlag leben wollen, gelingt uns das nur, wenn dabei irgendwie unser ganzer Körper aktiv ist. Wenn ich ernsthaft jemanden anflehe, etwas zu tun, kann ich mich dabei körperlich bewegen oder auch nicht. Innerlich kann ich aber nur mit aller Kraft flehen, wenn ich mit jeder Faser meines Körpers davon durchdrungen bin. Dann ist er wahrhaftig voll und ganz am Leben.

LEBEN UND TOD IM THEATER

Das heisst natürlich nicht, dass ich die Gesten offensichtlich machen muss, doch muss ich innerlich wirklich von etwas durchdrungen sein, wenn ich jemanden so massiv anflehe. Sonst bin ich ein verkrüppelter Mensch, was übrigens im Moment auf so ziemlich die ganze Menschheit zutrifft. Selbst die Ausländer, die ihre Arme, Hände und Körper so heftig bewegen, sind halb tot. Wenn wir heute die Bühne betreten, bringen wir diesen Tod mit uns. Das ist überall so, in allen Ländern. Indem wir es vermeiden, unser ganzes Wesen zu benutzen, bringen wir nicht nur diesen Tod auf die Bühne, sondern werden sozusagen noch «toter», weil wir glauben, zu spielen bedeute, die Worte des Autors zu sprechen und dabei ein paar rote Schminkflecken auf den Wangen zu haben. Damit haben wir den letzten Rest unserer Fähigkeiten zerstört.

Ich spreche natürlich ganz allgemein, weil es in allen Ländern wunderbare Schauspieler gibt, die ihre Lebendigkeit auf der Bühne nicht abwürgen, sondern steigern. Aber das Theater an sich ist wegen dieses Verlusts an Leben schlechter geworden. Unsere Aufgabe ist es, dieses Leben wiederzufinden, da das Theater nicht weniger, sondern mehr Leben braucht. Das Instrument, das wir vor dem Publikum spielen, sind wir selbst, also können wir unser Leben als Schauspieler nur in uns selbst steigern. Deshalb steigert die Geste, die den ganzen Körper und das ganze Wesen ausfüllt, dieses Leben, vielleicht jedoch erst nach einer langen Zeit des Trainings, wenn unsere Natur reagiert.

Wir steigern unser Leben auf der Bühne, wenn wir überall – im geschriebenen Text, in den Ereignissen um uns herum und in unserer eigenen Psychologie – Gesten, Gesten und noch mehr Gesten, aber keine Bewusstseinszustände erkennen. Im Theater ist der Bewusstseinszustand als etwas psychologisch

Fixiertes, Totes und Unbewegliches eine sehr gefährliche Sache. Der einzige Bewusstseinszustand, der uns hilft, ist einer, bei dem die innere Bewegung weitergeht. Er darf keine fixierte Sache sein, sondern ist ein unsichtbarer psychologischer Prozess, der in einer ganz konkreten Weise weiterläuft. «Ich bin in einem Zustand der Traurigkeit» heisst, eine bestimmte Geste zu produzieren, obwohl man es einen Zustand nennt. Das kann erfahren werden – ich kann voller Trauer sein – als eine psychologische Geste oder als eine völlig andere. Wenn ich spiele, kann ich diese Geste körperlich oder anders hervorbringen. Das Publikum wird darauf besser reagieren, als wenn wir uns in einem fixierten Bewusstseinszustand befinden.

CHARAKTERISIERUNG – DIE SPRACHE DER GESTEN

Nehmen wir zum Beispiel die Charakterisierung, und Sie werden sehen, dass jede Figur, wie komplex sie auch immer sein mag, auch eine Geste ist. Nehmen wir etwa an, Don Quichotte habe eine bestimmte durchgehende Grundgeste. Aufgrund dieser Geste kommt der Schauspieler zu einer individuellen Charakterisierung, und die Geste wird aufgrund seiner Individualität bei jedem Schauspieler eine andere sein. Oder nehmen wir Hamlet und stellen uns vor, diese Geste sei meine innere Charakterisierung. Die Geste für Horatio wäre eine völlig andere, wie auch wiederum die für Claudius, der ständig auf komplizierte Weise lügt, aber so tut, als sei er völlig offen, was zu einer weiteren Geste führt.

Als Regisseur können wir uns die ganze Szene als eine Geste vorstellen. Wir können uns mit der Gruppe von Schauspielern, die daran arbeiten, auf die Geste verständigen, und sie erzeugen sie im Einklang mit der allumfassenden Geste, die sie führt und inspiriert. Wir können zum Beispiel bei der Mausefallen-

Szene im *Hamlet* eine bestimmte Geste ausführen, in der die ganze Vorbereitung und alle Qualitäten zu einer bestimmten Schlussfolgerung führen und aufgelöst werden. Wenn Schauspieler diese psychologische Geste lieben, haben sie sofort einen genuin schauspielerischen Ansatz und eine ebensolche Vorstellung für diese oder eine andere Szene. Es wird kein philosophischer oder psychologischer Ansatz sein, sondern ein schauspielerischer, egal ob es sich um eine innerliche oder eine äusserliche Geste handelt. Deshalb ist die absolut beste Sache für uns Schauspieler eine *Sprache der Gesten*.

Wenn Sie mich fragen, ob die Mausefallen-Szene wirklich so einfach ist, würde ich sagen, sie müsse das für den Anfang sein, sonst wären wir gezwungen, uns in dieses Labyrinth intellektueller Interpretationen zu begeben, in dem wir verloren sind. Grosse Schauspieler, die ich gekannt habe, verloren sich in der Analyse ihrer Rollen. Sie vergeuden Zeit und Energie und verlieren die Lust an der Rolle, bevor sie überhaupt zu spielen anfangen, weil ihnen nicht klar ist, dass sie die Möglichkeit hätten, selbst die komplizierteste Rolle mit dem einfachen Mittel der Geste in Angriff zu nehmen.

Am Anfang mag das kompliziert erscheinen, aber wenn wir die Geste erst einmal haben und beginnen, sie zu lieben, zu erfahren und zu benutzen, werden wir sehen, dass sie wie ein Magnet ist, der durch unsere Psyche zahlreiche komplizierte Dinge anzieht. Nämlich unsere individuellen Dinge, nicht was über die Rolle geschrieben wurde. Das ist nicht wichtig, wichtig ist es zu wissen, was der Schauspieler fühlt. Dieser Grundsatz gilt für alle Schauspieler.

Wenn wir die psychologische Geste ausführen, sammeln wir wie ein Magnet konzentriert all die auf uns zukommenden grossen und kleinen Partikel. Damit hätten wir einen weiteren psychologischen Trick. Unser Bewusstsein ist mit der Geste beschäftigt, und dadurch wird unser Talent in einem Ausmass befreit, dass es nicht stumm bleibt, sondern sich umgehend äussert, solange wir es nicht zu forcieren versuchen. Talent kann zeigen, machen, demonstrieren, hervorbringen. Wenn wir die Geste viele Male ausführen, werden wir plötzlich etwas erkennen. Das muss von selbst kommen. Darin besteht das ganze Geheimnis. Es kann nicht erzwungen werden, indem wir Bücher oder Kritiken lesen, oder indem wir unsere intellektuellen Fähigkeiten benutzen, um Dinge zu analysieren, die man besser nicht analysieren sollte.

Wird der gewissenhafte Schauspieler in einer Rolle besetzt, beginnt er, sie zu analysieren. Das ist jedoch eine grosse Illusion. Unsere Kunst ist das glatte Gegenteil – sie ist eine Synthese. Sie entsteht *im Prozess der Synthese, nicht in dem der Analyse.* Was sollen wir denn analysieren? Das, was wir in unserer Seele haben, in unserer kreativen Imagination? Es gibt nichts zu analysieren oder zu sezieren. Das glauben nur viele Schauspieler irrtümlich, die hoffen, so leichter durch ihre Arbeit zu kommen. Es ist der falsche Weg. Der richtige Weg, so wie ich ihn verstehe, besteht darin, alles zusammenzufassen, was unsere Seele, unser Über-Bewusstsein, unsere schöpferische Individualität – nennen Sie es, wie Sie wollen – uns soufflieren kann, von etwas völlig intuitiv Hervorgebrachtem beeinflusst zu sein. Das ist unser erster und einfachster Ansatz, und das ist die Geste.

Sie ist das erste Signal, das ich an meine schöpferische Individualität sende. Wenn ich die Geste hervorbringe, warte ich, und die Synthese ergibt sich. All die Dinge, die mein Talent braucht, kommen von sich aus durch diese einfache Geste. Wenn wir geduldig genug sind, sinnvoll mit unserer Zeit umgehen, Schauspieler bleiben und keine Wissenschaftler werden wollen, gibt uns die Geste so viele Dinge, dass die Figur des

Don Quichotte, einschliesslich seiner Sprechweise, seiner Psychologie usw. vor unseren Augen und in unserer Vorstellung – unserem inneren Auge – und in unserem emotionalen Leben entsteht. Sie wird den Willen übernehmen und sich selbst erschaffen. Unsere Aufgabe bleibt es lediglich, die Botschaft zu übermitteln. «Ich warte», die Antwort wird kommen, und Don Quichotte ist da. Wenn Sie bereit sind, können Sie dabei alles verwenden.

Das mag wie eine rein egoistische Angelegenheit klingen, ist es aber nicht. Wir müssen offen sein für alle Eindrücke, die während der Proben auf uns zukommen. Wir müssen offen sein, und wenn ich eine Geste für Don Quichotte habe, muss ich mich auf meinen Partner einstellen, der Sancho Pansa spielt, nicht über das Denken, sondern indem ich all die Eindrücke um mich herum in mein imaginäres Unterbewusstes aufnehme. Ich schaue auf meine Partner, als sähe ich sie im Traum, und wenn Sancho Pansa etwas tut, das mich anspricht, werde ich sofort die richtige Reaktion finden. Es ist also keine isolierte Arbeit, und das darf es auch nicht sein. Ich sagte vorhin, wenn die Rolle fertig sei, könnten wir alles um uns herum dafür nützen. Dieser Prozess findet eigentlich nicht erst vom Beginn Ihrer Arbeit an der Rolle statt, sondern schon lange, bevor Sie besetzt wurden. Ihre schauspielerische Natur saugt enorm viele Dinge aus dem Reichtum der Aussenwelt auf, und wenn Sie Ihre Partner treffen, verstärkt das zwar nicht unbedingt Ihre Verbindung, aber es macht sie vielleicht deutlicher als zuvor.

Die psychologische Geste befreit uns von unserer Steifheit. Wenn wir zum Beispiel den Text in die Hand nehmen und eine angenehme Modulation der Stimme entdecken, werden wir schrecklich steif, doch sobald wir die Geste ausführen, sind wir so frei wie Neugeborene, und wir können unsere Gesten ändern, wie es uns beliebt. Die Geste ist also eine extrem befreiende Sache, im Gegensatz zu allen anderen dem Schauspieler bekannten Mitteln. Wenn wir die Geste benutzen, haben wir die optimale Möglichkeit, alles aufzunehmen, was von unseren Partnern, dem Regisseur und dem Autor an uns herangetragen wird.

Ich meine zu verstehen, dass die Geste nicht nur etwas Körperliches ist, sondern eine Art psychologisches Symbol. Welcher Prozess läuft ab, bevor man das Symbol oder die Geste hat?

Ihr Talent. Wenn Sie kein Schauspieler sind, hilft Ihnen gar nichts. Sind Sie aber ein Schauspieler, heisst das, dass Sie viele dieser Dinge bereits kennen. Warum wollen Sie Othello spielen? Weil Sie es innerlich wissen. Sonst wäre es eine sehr seltsame Sache, wie auf den Mond zu fliegen. Menschen ohne Talent verstehen gar nichts, da können sie schauen und machen, soviel sie wollen.

Wenn ich Macbeth vom Gesichtspunkt der Geste aus angehe, anstatt seinen Charakter zu analysieren, und ich bin der Meinung, er sei sehr schwach, selbst wenn er ein sehr starker Mann ist, wäre das ein intellektueller Ansatz? Wie könnte ich an ihn als eine Geste denken?

Zunächst müssen Sie die Geste ausführen, so wie Sie sie finden. Wenn Sie das viele Male getan haben, können Sie versuchen, sie zu verbessern. Natürlich wird der Intellekt mit Ihrer Geste herumspielen, das ist auch in Ordnung. Dann können Sie Ihre Geste verändern, und dabei werden Sie andere Nuancen finden. Indem Sie die Geste erzeugen, erforschen Sie Ihre Rolle, tiefer und immer tiefer. Nichts wird vergessen, Sie dürfen nur den Intellekt nicht die erste Geige spielen lassen. Ihre eigene Erfahrung wird Ihnen zeigen, was für eine Art der Ausführung der Geste für Sie die beste ist; das ist eine Sache Ihres freien Willens. Schalten Sie als Erstes den Intellekt aus, und fangen Sie an, die schauspielerischen Mittel einzusetzen, die ich die *psychologische Geste* nenne.

Meinen Sie, dass diese psychologische Geste, von der Sie sprechen, die Form der ganzen Aufführung erzeugt und ihr Einheit verleiht? Die Aufführung könnte immer wieder zu dieser zentralen Geste zurückkehren. Sie könnte die gesamte Darstellung des Schauspielers symbolisieren. Wählt der Schauspieler die Geste, die für ihn am aussagekräftigsten ist?

Wenn man die Geste für die gesamte Darstellung gefunden hat und sie das innere Leben des Schauspielers erweckt, warum sie dann verändern? Andererseits können Sie Ihre Geste durchaus hunderte Male verändern, wenn es Ihnen beliebt.

Ich würde gerne einen anderen Aspekt derselben Sache ansprechen. Mir ist etwas bei Clifford Odets' Stück Rocket to the Moon passiert. Ich war bis zum Tag der Premiere mit meiner Rolle sehr unzufrieden. Es fühlte sich nicht richtig an. Am Tag der Aufführung machten wir eine einfache Durchsprechprobe, und mir fiel dabei eine Dialogstelle auf, bei der meine Figur als Waise bezeichnet wurde. Aus irgendeinem Grund reizte das meine Vorstellungskraft, und ich sah einen Jungen hinter einem Fenster stehen und auf eine geschäftige Welt schauen, zu der er nicht gehörte. Das war das Muster seines ganzen Lebens. Es sprach mich an, und ich entschloss mich, meine Rolle auf der Grundlage dieses Bildes zu spielen. Es entspannte mich, genau wie Sie das als die Wirkung der Geste beschreiben. Hat das etwas mit dem zu tun, was Sie uns erzählen? Es schien mir die Rolle zu erhellen, genau wie es Ihre psychologische Geste tut. Ist es dieselbe Sache?

DER ARCHETYP

Es handelt sich um etwas anderes, ist aber genauso wichtig wie die psychologische Geste. Was Ihnen passierte, ist meiner Meinung nach etwas sehr Wertvolles. Es gibt eine weitere Sache in unserem Wesen als Schauspieler, die man *den Archetyp* nennen könnte. Er umfasst viele Dinge der von Ihnen angesprochenen Art. Es existieren zum Beispiel viele unterschiedliche Löwen, die in der Wüste herumlaufen. Jeder von ihnen ist ein Löwe, der eine ein grösserer, der andere ein kleinerer, aber es gibt den Löwen als Archetyp. Es gibt die *Vorstellung* eines Löwen als Ursprung aller Löwen. Nennen Sie es, wie Sie wollen, doch wir müssen es erst einmal herstellen.

Oder nehmen wir das Beispiel eines Dreiecks. Wie viele Arten von Dreiecken gibt es auf der Welt? Aber wenn wir von einem Dreieck sprechen, wissen wir, dass es sich nicht um ein Quadrat handelt. Wir haben den Archetyp eines Dreiecks im Kopf. Es gibt eine Übung, sich gleichzeitig alle möglichen Arten von Dreiecken vorzustellen. Sie *werden selbst* innerlich ein Dreieck. Das heisst, man *kommt* an den Archetyp des Dreiecks oder des Löwen: alle Qualitäten des Löwen sind idealtypisch vereint. All sein Gebrüll, seine Klauen, seine Bewegungen in einem Löwen kombiniert: *dem* Löwen. Nehmen wir den Archetyp eines Königs. Wir alle wissen, was ein König ist. Wir wissen, dass es im richtigen Leben keine Märchenkönige gibt. Wie können wir König Carol von Rumänien mit König Lear verbinden? Das gelingt uns nicht, doch als Archetyp sind sie ein und dasselbe. Es gibt auch eine Geste für einen König.

Ich denke, Ihr Bild des Waisenkinds hinter dem Fenster war die Stimme des Archetyps für alle Figuren dieser Art, die Sie bereits spielten. Der Moment, an dem das passiert, zufällig oder durch bewusste Arbeit, ist ein Moment grössten Glücks und derjenige, an dem die Rolle da ist. Ich habe beispielsweise einmal die Rolle Iwans des Schrecklichen gespielt. Ich versuchte, sie mittels des Archetyps hinzubekommen, und fand das Bild eines grossen Vogels, der mit einer gebrochenen Schwinge fliegt. Das war für mich der Archetyp, und über ihn fand ich die Rolle. Iwan der Schreckliche war ein Adler, aber ein verwundeter mit einer gebrochenen Schwinge. Als ich den Archetyp erfasste, wusste ich, dass Iwan der Schreckliche und der Adler mit der gebrochenen Schwinge denselben Archetyp hatten.

Das ist also ein anderer Weg, die Rolle zu finden, indem man an den Archetyp appelliert. Es gibt nichts auf der Welt ohne Archetyp. Nehmen Sie etwas ganz einfaches: den Vater. Es gibt so viele unterschiedliche Väter, und doch ist da *der* Vater. Natürlich können wir das analysieren, aber das ist gar nicht nötig. Der Ältere, der sehr klug ist, führt, anleitet, Opfer bringt usw. Es existieren lange Listen an Qualitäten für den Archetyp des Vaters, des Sohnes, des Königs, der Prinzessin oder des Todes.

Sehen Sie das im Sinne eines tatsächlichen Bildes? Was wäre das im Fall des Vaters?

Das kommt auf Ihre Individualität an. Mein Vater ist sehr gross und hat weisse Haare. Ich weiss nicht warum, aber das beeinflusst mich. Wenn es mich anspricht, kann es das Mittel für meinen Archetyp sein. Das hat sehr stark mit der Imagination zu tun.

Vielleicht bin ich etwas durcheinander, doch das klingt für mich fast nach dem Klischee eines Vaters. Ich denke, ich müsste die Figur eines Vaters in einem Stück sehr viel stärker individualisieren.

Ihr Vater in einem Stück ist eine Figur, die Sie mit all Ihrem Können porträtieren und individualisieren müssen. Aber wenn Sie den Archetyp des Vaters nicht haben, wird Ihr Vater eine sehr kleine, trockene und unbedeutende Figur. Wenn Sie dagegen meine Vorstellung eines Vaters auf der Bühne umsetzen würden, wäre das wahrscheinlich nur eine dumme Sache. Mich berührt sie jedoch und ruft bestimmte Gefühle bei mir hervor – ich fühle, was der Vater ist. Der Vater, den ich auf der Bühne porträtiere, ist etwas absolut Individuelles und nicht der Archetyp, aber er ging *aus* dem Archetyp hervor und hat bestimmte Verbindungen mit ihm.

Schränkt das Stück die Vorstellungen vom Archetyp ein?

Der Archetyp taucht nicht sichtbar bei meinen Handlungen auf, er ist mein ganz persönliches Geheimnis. Er ist die Quelle, die mir die Art und Weise beglaubigt, in der ich den Vater im Stück spiele; sie bereichert die Rolle des Vaters im Stück. Nehmen wir die Figur der Johanna von Orléans. Man kann das Stück machen, weil man eine körperlich perfekt für Johanna passende Schauspielerin zur Verfügung hat, was jedoch ein sehr schmaler Ansatz wäre. Aber wenn die Schauspielerin einen bestimmten Archetyp der Madonna oder der Jungfrau im Kopf hat, wird sich ihr Körper verändern. Aufgrund des unsichtbaren Reichtums ihrer Vorstellung einer jungfräulichen Johanna von Orléans bekommt sie eine Art «Aura». Es geht also lediglich um diesen unsichtbaren Reichtum und die «Aura» der Figur.

Beim Prozess der Arbeit an einer Rolle, in welcher Beziehung stehen da diese Dinge zueinander: die Geste und der Archetyp?

UNSERE METHODE

Es kommt auf den Schauspieler an und darauf, ob er das eine oder das andere benutzt, aber wenn er sie wirklich benutzt, wird er herausfinden, dass der Archetyp zur Geste führt und die Geste zum Archetyp. All die Punkte der Methode, die ich analysiert habe, kommen zusammen, wenn man sie benutzt. Ich habe diese Methode analysiert und die Ergebnisse niedergeschrieben, aber wenn ich sie als Schauspieler benutzte, erfuhr ich die ganze Methode als eine Einheit. Als ich darüber nachdachte, musste ich sie in unterschiedliche Kategorien aufteilen, genauso wie ich beim Referieren darüber vor Ihnen eher analytisch sein muss, weil das unter den Umständen gar nicht anders geht. Doch ich schlage immer vor, dass Sie sie benutzen und dabei alle ihre Möglichkeiten im Hinterkopf haben.

DER ARCHETYP

Ist es auch möglich, keine dieser Möglichkeiten zu benutzen? Nehmen wir an, eine Rolle entspricht so sehr der spezifischen Begabung des Schauspielers, dass sich Tausende von Bildern einstellen, und er nur zu wissen braucht, was die Figur auf der Bühne tut, um es voll und ganz spielen zu können?

Wenn dem so wäre, wäre die Methode nie entwickelt worden.

Ich verstehe, dass ein Schauspieler immer wissen muss, was er auf der Bühne tut, aber was ich wissen möchte, ist: Warum weinte ich in der einen Szene und in der anderen nicht? Ich musste es für mich so gut rationalisieren, wie es ging.

Es ist absolut nötig, zu verstehen, was wir machen, und ich habe nie versucht, den Eindruck zu erwecken, Sie bräuchten nicht zu verstehen, was abläuft. Es ist sogar so, dass Sie gar nicht anders können, als zu verstehen! Aber es gibt noch etwas anderes. Mit rein intellektuellen Mitteln die nächste Ebene der Psychologie einer Figur zu entdecken ist das, was Psychologen tun. Doch für den Schauspieler ist es falsch, weil unser Bereich ein anderer ist. Wir können Bücher über Psychologie lesen, aber was nützen sie uns für unsere Arbeit? Es ist nicht unser Gebiet. Es ist das, was ich die falsche Art eines intellektuellen Ansatzes für eine Rolle nenne. Natürlich können wir herausfinden, dass, wenn Hamlet Horatio fragt, ob der Geist «blass oder rot» war, es der Fall sein könnte, dass der Geist blass ist, weil sich bei ihm alles im Herzen konzentriert, mit dem er liebt, während wenn das Gesicht rot ist, dadurch angezeigt wird, dass das Blut aus dem Herzen kommt, und das bedeutet dann usw. usf. Selbstverständlich können wir solche Dinge verwenden, doch das ist sinnlos für uns. Ich will sagen: Mit einem intellektuellen Ansatz für die Rolle versuchen wir, mittels des *Denkens* tiefer zu schürfen, statt mit *Gesten* oder ähnlichen Mitteln den Archetyp zu finden.

Was wäre der Archetyp von Don Quichotte? Wäre er dasselbe wie die Geste?

Wenn Sie den Archetyp sehen, können Sie gar nicht anders, als auch die Geste zu sehen, die der Archetyp ausführt. Wenn Sie die Geste sehen, sind Sie in der Lage, das Bild zu sehen, das alle

Don Quichottes umfasst. So wie Cervantes es gibt, ist es fast schon der Archetyp selbst.

Morris Carnovsky interessierte sich immer ganz besonders für das, was er das Bild des Schauspielers nennt. Ich erinnere mich an die Arbeit an einem Gedicht in seinem Kurs. Wir verstanden natürlich, was das Gedicht bedeutete, und wir versuchten, von einem zentralen Bild ausgehend zu arbeiten. Ich sollte mich fragen, welche Wirkung das Bild auf meine Vorstellung hatte, und unter Verwendung dieser Vorstellung musste ich das Gedicht rezitieren. Es scheint mir, dass die Geste oder der Archetyp eine Weiterentwicklung dieser Idee sind in den besten Bereich für einen Schauspieler hinein, nämlich den körperlichen. Das Bild vom Kopf ins Herz zu übersetzen und es nach aussen zu bringen.

Wenn ich etwas über Herrn Carnovskys Art zu spielen sagen darf, dann ist sie im folgenden Sinne sehr charakteristisch. Für mich ist er auf der Bühne immer umgeben von riesigen Wellen, von einer grossen, starken Aura, die viel grösser ist, als er selbst glaubt. Wie gross er auf der Bühne ist und wie viel Raum er einnimmt! Mir scheint, sein Spiel enthält einfach alles: eine eindeutige Überaufgabe als Geste, eine sehr starke Atmosphäre, eine glasklare Ausstrahlung, er ist mit einer entschiedenen Richtung unterwegs und viel innerlicher «Ausschmückung», weil er nie zu einfach agiert. Wenn man sich seine Spielweise vor Augen führt, sind alle diese Dinge offensichtlich. Er hat immer den Archetyp. Ich habe den Eindruck – egal, ob das von seinem Spiel kommt oder meinen eigenen Gefühlen –, dass seine Spielweise eine hochkomplizierte Komposition von Gesten ist. Es ist eine grossartige Weise zu spielen und für mich der schönste Beleg für die Methode.

Es ging mir genauso, als ich Chaliapin sah und hörte: Wenn

der Schauspieler begnadet ist, ist alles da. Es bleibt aber die Frage, ob jemand so Begnadetes eine Methode braucht. Ich glaube, je begnadeter jemand ist, desto stärker braucht er die Methode, um nicht zu verunglücken. Wenn wir begnadet sind, kann es trotzdem sein, dass wir die Figur nicht finden, das entscheidende Ding, das uns auf der Bühne so glücklich macht; und jeden Tag, jedes Jahr verlieren wir mehr von unserer Fähigkeit, immer spontan und kreativ zu sein, wegen allem, das um uns herum vor sich geht: Maschinen, Lärm, Krieg, Hitler, Stalin, Mussolini und ähnlichen Dingen. Sie würgen unsere Fähigkeit ab, auf der Bühne frei zu sein, und unsere Kinder werden ohne Methode noch weniger im Besitz ihres Talents sein.

DAS THEATER DER ZUKUNFT

Deshalb ist die Arbeit an der Methode der einzige Weg, unser Talent zu bewahren und die Technik zu erwerben, damit wir uns selbst und unsere Kinder retten können. Dann werden wir ihnen etwas hinterlassen: die Methode, die wir uns mit allen Schwierigkeiten, Übereinkünften und Streitigkeiten erarbeitet haben. Diese Arbeit müssen wir machen, denn ohne sie werden unsere Kinder nicht fähig sein, die Methode zu erschaffen, weil sie zu sehr überwältigt werden von den Dingen, die um sie herum vorgehen.

Was wird nach dem Krieg passieren? Es wird zu einem Ausbruch an Glück kommen, und danach stehen uns eine Katastrophe im Bereich der Wirtschaft und eine psychologische Depression bevor. Churchill und Roosevelt sind diese Schwierigkeiten bewusst, doch sie verbergen sie vor uns, weil ihnen klar ist, dass wir nicht wissen wollen, welche Schwierigkeiten und Gefahren uns nach dem Krieg erwarten. Unsere Kinder werden all diesen Phantomen begegnen, und sie werden nicht in der Lage sein, etwas zu erschaffen. Dies ist der richtige Moment für uns, und wenn wir nichts unternehmen, wird das Theater den Bach hinuntergehen. Deshalb ist die Methode nötig für die Pflege des Theaters, nicht nur für uns, sondern auch für unsere Nachkommen. Darin besteht mein wahrer Impuls, auf der Methode zu bestehen, wo auch immer ich bin, weil mich die Vorstellung, was aus dem Theater werden könnte, so sehr mit Angst erfüllt, da ich ja weiss, wie schön es sein kann.

***

Die Geste und der Archetyp sind ein und dasselbe: Die Geste gibt Ihnen das Bild und das Bild die Geste.

Was würde passieren, wenn Sie den Archetyp und das Bild hätten, und Sie würden sie bis zu dem Punkt ausdehnen, an dem sie Aktion werden? Sie haben eine Geste und einen Archetyp, der Ihre Rolle symbolisiert. Anstatt nur eine Geste zu haben, die eine Form ist, haben Sie eine komplette Aktion. Zum Beispiel, wenn das Waisenkind das Fenster öffnete und hinausspuckte. Könnten Sie zur Vorbereitung Ihre Imagination derart erweitern, dass es zu so etwas kommt?

Wenn Sie dazu gedrängt werden, es zu tun, warum nicht? Aber bei einem Schauspieler wie Herrn Carnovsky müsste man es nicht mit in eine Aktion nehmen, es unterstützt ihn lediglich.

Wenn Sie so etwas machen würden, würde es nicht das Bild verändern? In meiner Vorstellung war es das Bild, das durch das ganze Leben des Waisenkinds da war und alles illustrierte, was es tat. Er war immer der kleine Junge, der aus dem Fenster sah.

Ob Sie es einbeziehen wollen oder nicht, ist die Frage, doch als ein Bild hilft es Ihnen enorm.

Es scheint mir, dass das Verständnis des Körpers der Weg zum Verstehen des Bildes, der psychologischen Geste und des Archetyps ist. Das a, b und c davon ist das, was Sie beschrieben haben, wenn man die Figur in den Knien konzentriert oder einem anderen Teil des Körpers. Wenn der Schauspieler lernt, sein Verständnis der Rolle derart zu konzentrieren, versteht er schliesslich den Archetyp.

Alles bei der Methode ist nur ein Weg. Der trainierte Körper, die Konzentration, alles führt zu dem Punkt, an dem das Talent merkt, dass es befreit wird. Der Körper spielt dabei eine sehr wichtige Rolle. In unserem Körper sitzen so viele Feinde, die unseren kreativen Prozess unterbinden, sehr oft auf so heimliche Weise, dass wir gar nicht wissen, warum wir eine bestimmte Rolle nicht spielen können. Aber ist mein Körper erst einmal frei, bin ich es für immer. Die körperliche Entwicklung ist absolut grundlegend.

ERSTE ANNÄHERUNG AN DAS STÜCK – DIE TRÄUME DES SCHAUSPIELERS ODER SEINE INTUITION

Ich verstehe, was Sie mit dem Archetyp und der Geste meinen, und das ist etwas sehr Befreiendes. Doch wenn ich ein Stück zu Ende gelesen hatte, kam ich immer zu bestimmten intellektuellen Schlussfolgerungen darüber. Ich denke nicht, dass es richtig wäre, das abzulehnen. Anders ausgedrückt: Kann ich zu einer intellektuellen Schlussfolgerung über das Stück kommen, bevor ich mit der Arbeit am Archetyp oder der Geste beginne? Sollte ich völlig verstehen, für was Hamlet steht, bevor ich anfange?

Aus meiner Sicht wäre das absolut falsch. Ich schlage etwas anderes vor. Das heisst nicht, dass ich Sie bitte, zu vermeiden, das Stück zu verstehen, aber lassen Sie uns das hintenanstellen und erst unsere schauspielerische Natur zu Wort kommen. Geniessen wir zunächst diesen Vorgang, und wenn unsere Träume zu Tage getreten sind, ist es nicht so gefährlich, intellektuelle Vorstellungen über *Hamlet* oder ein anderes Stück zu entwickeln. Dafür ist es nie zu spät. Wenn Sie weit genug gekommen sind mit Ihren kindlichen Bewegungen und Gesten und diese Phase der Arbeit wirklich genossen haben, wenn Sie fertig sind mit diesen freien, kindlichen, bewegten Vorstellungen, warum dann nicht über das Stück nachlesen? Dann nehmen Sie sich ruhig diese intellektuellen Dinge, nützen sie auf der Grundlage Ihrer derart erworbenen Vorstellung und bringen sie zusammen mit Ihrem Glauben an Hamlet und sich selbst.

Wenn man das Stück liest, kommt es darauf an, selbst völlig frei zu bleiben, um einen Eindruck zu erhalten und aus diesem ersten Eindruck heraus seine Geste zu entwickeln. Wenn ich das Stück gelesen habe, bekomme ich einen bestimmten Eindruck von ihm, das ist eine intuitive, offene Sache, aus der ich die Geste entwickeln muss. Wenn man andererseits das Stück liest und sich dann hinsetzt und über die sozialen Umstände oder den psychologischen Faktor, die darin am Werk sind, nachdenkt und forscht, ist es unmöglich, einen spontanen Eindruck zu erhalten. Er würde nicht aus dem unmittelbaren Impuls und der Intuition kommen, und es wären viele falsche Dinge dabei. Es wäre etwas völlig anderes.

Würden Sie das bis zu dem Zeitpunkt nützen, wenn Sie die Rolle vorbereiten, oder ist es nur eines von vielen Mitteln?

Da stellt sich wiederum die Frage, was Ihr Ausgangspunkt ist. In Komödien gibt es sehr wenig Atmosphäre und die Figuren sind sehr wichtig, im Drama sind Figuren und Atmosphären sehr wichtig, und bei der Tragödie ist die Atmosphäre alles und die Figur nichts. Es hängt auch von Ihrem eigenen Umgang mit der Methode ab.

Ich verstehe, dass die Geste oder der Archetyp aus dem ersten Eindruck entstehen müssen, aus dessen Essenz, aber wie können Sie sie finden, ohne die Figur zu verstehen?

Da besteht kein Widerspruch. Der Archetyp und die Geste sind Dinge, die wachsen und sich entwickeln müssen. Wenn Sie eine derartige Geste ausführen und herausfinden, der Archetyp sei der Adler mit der gebrochenen Schwinge, finden Sie morgen vielleicht etwas anderes. Sie können tiefer schürfen. Dann werden Sie sehen, dass Sie um nichts in der Welt Ihre Archetypen und Gesten aufgeben werden, weil sie Teil Ihres schauspielerischen Wesens geworden sind, und Ihnen alle anderen Dinge inzwischen fremd erscheinen.

Sie sagen, der Schauspieler entwickle die Geste aus seinem ersten Eindruck und dann verändere er sie.

Sie wird immer vollständiger.

Angenommen, Sie sind ein Regisseur, und Sie kommen zur ersten Probe. Würden Sie mit uns über die Konflikte und Kämpfe in dem Stück sprechen und uns das Stück vom Standpunkt des Regisseurs aus erläutern oder würden Sie uns erlauben, all diese anderen Dinge zu tun?

Es käme völlig darauf an, wer die Schauspieler sind. Wenn die Schauspieler kein anderes Interesse hätten, als die Rolle zu bekommen, würde ich dasselbe tun, was all die anderen Regisseure am Broadway tun müssen. In zwei Wochen wäre das Stück fertig, von Anfang bis Ende basierend auf Klischees. Wenn wir jedoch richtig zusammenarbeiten könnten, würden wir uns dem Stück auf anderen Wegen nähern. Hätte ich eine ideale Gruppe von Schauspielern, würde ich das Ganze völlig anders angehen. Ich würde vielleicht mit dem Rhythmus beginnen. Die ideale Gruppe von Schauspielern würde über bestimmte rhythmische Ansagen verstehen, wie sie sinnvoll spielt. Es käme also auf die Art unserer Begegnung an.

Wir könnten bei unserer Arbeit am Broadway sowohl den Archetyp als auch die Geste benutzen. Wir könnten sie privat benutzen, ohne dass der Regisseur wüsste, dass wir je davon hörten.

Aber das würden Ihre Partner vielleicht nicht akzeptieren.

Wenn Sie die Geste und den Archetyp immer wieder verändern, kommen Sie dann an den Punkt, wo es ein fest fixiertes Resultat gibt?

Wenn Sie Ihre Rolle auf der Grundlage von Klischees vorbereitet haben, wird sich nichts verändern. Haben Sie Ihre Rolle jedoch so vorbereitet, dass Sie in der Lage sind, alles zu verändern und nichts zu fixieren, werden Sie Ihre Rolle, den Archetyp oder die Geste während der ganzen Zeit des Spielens mit Vergnügen variieren. Ich gebe Ihnen ein Beispiel aus meinem eigenen Leben. Als Wachtangow mein Regisseur bei *Erik XIV.* von August Strindberg war, wusste keiner von uns von diesen Dingen, aber irgendwie bewegten wir uns beide auf den Archetyp oder die Geste zu. Wir fanden etwas Kompliziertes, das fast eine Geste war, doch uns war nicht klar, dass es bis zu einer

Geste hin vereinfacht werden konnte. Wachtangow sagte mir, es könne etwas für Erik Sinnvolles sein, dass ich einen imaginären Kreis auf dem Boden habe und versuche, durch ihn hindurchzugehen, mir das aber nicht gelinge. Darüber fanden wir eine bestimmte Form von Geste und Lautstärke für das ganze Stück.

Wenn Sie zum Beispiel einen Archetyp gefunden haben – kompliziert und laut usw. –, werden Sie schliesslich zu einer einfacheren Form gelangen, und plötzlich stossen Sie auf eine raffinierte Geste, die die ganze Rolle für Sie ausdrückt. Einfacher und umfassender, obwohl sie vielleicht gar nicht so richtig scheint. Das heisst, Sie entwickeln sich. Ein anderes Beispiel: Als Stanislawski Gogols *Der Revisor* inszenierte, sprach er nie mit mir über Gesten oder Archetypen, doch er schlug mir folgenden psychologischen Trick vor, der später für mich zum Schlüssel für die Rolle wurde. Er sagte, ich solle versuchen, Dinge zu fangen und sie plötzlich wieder fallen lassen. Dadurch gab er mir den Schlüssel zur Psychologie des Revisors: Er ist eigentlich ein Nichts, aber das ist gerade das Schöne an der Figur. Etwas passiert völlig sinnlos. Genauso kann eine einzige einfache Geste für die Figur des Revisors alles Wesentliche beinhalten.

Ein drittes Beispiel betrifft Bergers *Die Sintflut*, und auch das war, bevor wir etwas über die psychologische Geste oder den Archetyp wussten. Wachtangow und ich versuchten, die für Fraser charakteristischste Sache herauszufinden. Wir kamen darauf, dass die Figur immer nach etwas suchte, das sie verloren hatte. Darin bestand ihre ganze Psychologie. Er hatte sich selbst verloren, und das liess sich bis zu einer Geste vereinfachen. Die Geste muss sich entwickeln und wachsen, und Sie können sie immer wieder verändern.

Bei mir gab es noch einen anderen Fall. Wieder arbeitete ich mit Wachtangow. Am Abend der Premiere von *Die Sintflut*, unmittelbar vor meinem ersten Auftritt, fragte ich ihn, was ich tun solle, weil ich in der Rolle nicht glücklich war. Er machte eine obszöne Bemerkung, die mich zum Lachen brachte, und diese seltsame Verbindung aus Angespanntheit und plötzlichem Lachen bewirkte etwas Unbewusstes bei mir, so dass ich zu spielen begann, wie ich es noch nie getan hatte. Die Figur in dem Stück war ein Norweger, doch für mich wurde sie unvermittelt zu einem Juden und blieb auch für immer ein Jude.

All diese Dinge waren Zufälle, aber später entdeckte ich, was sie bedeuteten. Im Falle des zuletzt erwähnten Stücks handelte es sich um eine mehr oder weniger dramatische Rolle, und ich nahm sie ganz primitiv und liess ihre humorvolle Seite weg, so dass es sehr unangenehm und gerade heraus war. Als der Humor zufällig durch den obszönen Witz dazu kam, vermischten sich diese beiden Bereiche, und das Richtige entstand. Später fand ich heraus, dass da ein Grundsatz mit hineinspielte. Wenn Sie in einer Tragödie spielen, müssen Sie sehr humorvoll sein, und wenn Sie in einem Vaudeville auftreten, müssen Sie tragisch spielen. Innerlich weinen Sie bei der Komödie und lachen während der Tragödie.

Zehnte Unterrichtsstunde

Kritik einer Szene von Peter Frye

8. Dezember 1941

WIE DER SCHAUSPIELER UNSERE METHODE BENUTZT

Michael Tschechow Ich muss sagen: Ich war sehr beeindruckt von dieser Szene. Eigentlich möchte ich gar nichts analysieren, will es aber trotzdem mit Blick auf unsere Arbeit hier tun. Ich beginne mit den Dingen, über die wir bereits gesprochen haben. Für mich war es sehr interessant zu sehen, dass man vier Ebenen deutlich erkennen konnte: 1) Die Person, die spricht, also die Figur. 2) Ereignisse, über welche die Figur spricht. 3) Die Atmosphäre, die alles umfasste. 4) Die Stimmung der Person. Diesen Eindruck wechselnder und subtil miteinander verwobener Dinge erhalten wir selten. Da war eine klar von der Figur getrennte Atmosphäre, und die Stimmung der Figur veränderte sich mehrfach, obwohl die Atmosphäre durchgehend dieselbe blieb. Darf ich fragen, ob Sie nach der Methode gearbeitet haben?

Peter Frye Ich habe versucht, bestimmte Dinge zu benutzen. Ich versuchte, die psychologische Geste des Mannes zu finden und damit zu arbeiten. Ich gab ihm ein Zentrum. Es hat mir enorm geholfen, während des langen erzählerischen Teils verschiedene Dinge für mich zu tun zu finden. Ich wollte Farben und Qualitäten finden.

Michael Tschechow Hinter dieser kleinen Aufführung war sehr viel mehr, als gezeigt wurde. Sie wussten und fühlten viel mehr, deuteten es jedoch nur an, was immer besser ist, als alles zu zeigen und so zu tun, als gäbe es noch mehr. Es war geschmackvoll und auch in der Andeutung reich genug. Wenn Sie je Chaliapin gesehen hätten, wüssten Sie, dass das seine grosse Fähigkeit war: immer andeuten, aber nicht alles zeigen. Das erweckt einen faszinierenden Eindruck und hält uns gebannt.

Nehmen wir ein anderes Beispiel. Wenn Sie eine Kathedrale betreten und verschiedene Priester beim Zelebrieren der Messe sehen, erkennen Sie, dass das ganze Geheimnis darin besteht, ob der Priester mehr *weiss*, als er *tut*, ob er an die spirituellen Ereignisse glaubt und sie besser kennt, als er es zeigt. Dann vermittelt er einen starken Eindruck. Führt er jedoch alles restlos aus, ohne etwas in der Hinterhand zu behalten, hat man das Gefühl, er wisse nicht, was er tut. In Italien sah ich einmal einen Priester ein Kind taufen. Er war glücklich und fühlte irgendwo in seiner Seele, dass er eigentlich gar kein Priester war, führte aber bestimmte Handlungen aus und machte ein paar kleine Witze, um die seltsame Zeremonie zu rechtfertigen. Er versuchte, uns mittels dieser kleinen Witze zu überzeugen, dass da mehr wäre, als er zeigte.

Das kann man als eine Grundregel nehmen. Die Rolle muss mit einer solchen Sorgfalt und Intensität ausgearbeitet werden, dass wir als Schauspieler immer reicher sind, als es das Stück erfordert. Bei «Stars» werden Sie die Erfahrung machen, dass es dem Publikum gefällt, wie hinter ihnen noch etwas Anziehendes und Faszinierendes kurz aufleuchtet, und diese Qualität können wir immer entwickeln, indem wir uns tiefer in die Rolle vergraben.

AUSSTRAHLUNG

In der Szene hat mir noch etwas gefallen, und das war eine sehr starke *Ausstrahlung*. Gut daran war, dass der Schauspieler nichts Äusserliches unternahm, um sie auf falsche Weise zu erzielen. Sie nahmen sich so sehr zurück, dass äusserlich fast eine Pause entstand. Sie könnten das sogar noch verstärken, und dann wäre es eine tatsächliche Pause in der äusserlichen Handlung. In der richtigen Pause wird die Ausstrahlung stärker als zu jedem anderen Zeitpunkt. Darf ich Sie fragen, ob Sie beabsichtigten, eine russische Figur zu spielen? Auch wenn Sie nicht einige Worte in dieser Hinsicht gesagt hätten, wäre meine Vermutung gewesen, es handele sich um eine russische Figur. Es war keine genuin russische Figur, sondern ein amerikanischer Schauspieler zeigte eine russische Figur. Ein sehr schöner Widerspruch. Es war richtig gut.

Am Anfang hatte ich den Eindruck, der Schauspieler sei ein wenig zu oberflächlich, und die Szene laufe etwas zu glatt für die Gefühle des Mannes. Was den Archetyp betrifft, vermittelte sich mir nicht, dass Sie den Archetyp des Vaters dieses Kindes im Kopf hatten. Ich selbst habe erlebt, wie mein bester Freund starb, und als ich versuchte zu erzählen, was passiert war, kamen zwar die Worte heraus, aber auf eher unartikulierte Weise. Es liess sich nicht so leicht berichten. Ich fühlte die Last auf den Schultern dieses Mannes, doch irgendwie erklärte er seine Situation ein bisschen zu locker. Das Unartikulierte der Grabrede war im Vergleich zu dem etwas zu oberflächlichen Anfang sehr schön gemacht.

Michael Tschechow Der Schauspieler führte sowohl die psychologische als auch die äusserliche Geste sehr gut aus. Es war verborgen und doch da.

Ich denke, Peter sollte etwas anderes erarbeiten, bei dem es erforderlich ist, dass er sich selbst völlig einbringt.

Michael Tschechow Es war sehr gut für uns, weil es uns so viel zum Diskutieren gibt.

PSYCHOLOGISCHE GESTE

Peter Frye Ich habe die psychologische Geste für mich selbst entwickelt, und dann wusste ich nicht, ob ich sie äusserlich sichtbar machen sollte oder nicht. Ich mag diesen Gedanken.

So wie ich es verstehe, muss die psychologische Geste vom Schauspieler bei der Arbeit an der Rolle entwickelt werden. Er benutzt sie als Hilfe, die Rolle zu finden. Bedeutet das, dass er die Geste in seine Darstellung integriert?

Michael Tschechow Nein. Die psychologische Geste ist Ihr eigenes Geheimnis. Sie ist die Grundlage, auf der Sie stehen, aber wie Sie spielen, ist etwas völlig anderes. Wenn Sie ohne die psychologische Geste spielen, scheint es vielleicht so, als spielten Sie frei, ohne darauf zu achten, ob etwas äusserlich gezeigt wird oder nicht. In praktisch allen Fällen darf die psychologische Geste nicht veräusserlicht werden, weil sie dann mehr Charme und Kraft hat.

Peter Frye Aber Sie haben die Möglichkeit, sie zu einer äusserlichen Geste zu machen und zu zeigen.

Es bleibt die Geste, die der Schauspieler für die Figur findet, die er veräusserlichen kann und die ihn inspiriert. In ihrer äusserlichen Form kann die Geste jedoch eine ziemlich verrückte sein, obwohl sie dem Schauspieler das Gespür für die Figur gibt. Aber dem Publikum gefällt sie vielleicht ganz und gar nicht.

Michael Tschechow Zur psychologischen Geste: Wenn Sie sich verschiedene Leute in Ihrem privaten Umfeld ansehen, werden Sie feststellen, jede davon hat eine psychologische Geste, obwohl die betreffende Person sich ihrer nicht bewusst ist. Spielen wir auf der Bühne, können wir uns nicht auf diese natürliche psychologische Geste verlassen, die jeder Mensch hat. Wir müssen die psychologische Geste herstellen, weil die Figur kein reales Wesen ist, bis wir sie selbst zum Leben erwecken. Deshalb ist sie nötig, weil sie das darstellt, was in unser aller Psyche stattfindet. Sie werden feststellen: Je einfacher der Charakter der Person, desto primitiver ist die psychologische Geste. So produziert etwa ein richtig plumper politischer Agitator eine sehr ordinäre Geste. Ein anderes Beispiel: Ein Engländer ist jemand mit sehr viel Willen, den er aber vor sich selbst verbirgt. Sie können oft eine typisch englische Geste sehen, wenn ein Engländer seine Faust mit der anderen Hand umklammert. Das machen Engländer oft so. Italiener haben eine ähnliche Geste, jedoch in der Luft, weil sie viel leichter sind. Die Gesten der Letten und Litauer sind sehr klein und knapp.

Ich glaube nicht an eine psychologische Geste in einem psychologischen Sinne. Die Sehnsucht eines Schauspielers ist viel reicher und emotionaler, als nur eine Idee zu vermitteln. Im Falle der psychologischen Geste könnte man sich für eine Geste entscheiden, die einem als Schauspieler angeboren ist, statt für die psychologische Geste der Figur.

Michael Tschechow Diese Entscheidung sollte zwischen Regisseur und Schauspieler getroffen werden. Man tauscht die Informationen bezüglich der Geste aus, und dann entscheidet sich das Unterbewusste für die Geste, die beide zufriedenstellt. So wie wir gerade über die Geste reden, sollte es auch zwischen Regisseur und Schauspieler ablaufen.

Peter Frye Ich fand für mich eine völlig andere Geste, und vielleicht war ich dadurch zu sehr voreingenommen.

Ich stimme der Kritik zu, die an Peters Szene geäussert wurde. Ich kritisiere einen Schauspieler auf der Grundlage der Entscheidungen, die er traf.

Michael Tschechow Als Regisseur ist es Ihre Aufgabe, zu kritisieren.

Ich würde gerne den Unterschied zwischen der tatsächlich ausgeführten Geste des Schauspielers und der psychologischen Geste zu klären versuchen. In der Rolle der Julie in Ferenc Molnárs Liliom *dachte ich beispielsweise, es könnte sehr viel an Gefühl geben, aber bei gleichzeitiger Unfähigkeit, es zu artikulieren – eine bestimmte Qualität der Schüchternheit. So wie ich es verstehe, dient die Geste lediglich zum Verständnis der Rolle, so dass alles, was die Figur tut oder sagt, davon gefärbt ist. Es ist nichts, das auf der Bühne verwendet werden könnte, doch es kann andererseits durchaus eine Rolle geben, in der die Figur die psychologische Geste benutzt. Es kommt also zu einem grossen Teil auf die Rolle selbst an. Die*

Geste kann manchmal ins Spiel integriert werden, aber zumeist erfährt man sie und behält sie im Hinterkopf, wenn man spielt.

Michael Tschechow Ja. Don Quichotte zum Beispiel kann seine starke Geste benutzen, weil er eine derart primitive Figur ist. Um diese Qualität verständlich zu machen, kann er die Geste benutzen und würde dann als ein Kind mit weissen Haaren betrachtet werden. Es kommt alles auf die Figur an.

DAS RÜCKGRAT

Führt uns die psychologische Geste zum Rückgrat?

Michael Tschechow Ja. Das Rückgrat hält die ganze Rolle zusammen, aber manchmal haben wir die Vorstellung, es sei steif. Die psychologische Geste ist immer flexibel. Alles wird an einem Punkt zusammen kommen. Es ist auch sehr wichtig, die Psychologie einer Figur über den Gesichtspunkt der Rasse oder der Nationalität zu durchdringen, indem man darauf achtet, was einem die Sprache vermittelt. Nehmen wir etwa zwei extreme Nationalitäten: die englische und die russische. Sie sind in jeder Hinsicht gegensätzlich. Schauen Sie sich das Wort an, das sie haben, um sich selbst zu bezeichnen. Das englische ist «I» und das russische «Ya». «Ah» öffnet alles, während «Aiii» so dünn wie ein Pfeil endet. Der Russe beginnt zaghaft und greift dann ins ganze Universum aus, während der Engländer das glatte Gegenteil tut, er schaut sich um und zieht sich anschliessend in sich selbst zurück …

Zum Beispiel wenn Sie *Romeo und Julia* lesen und auf Romeos Sprache und die Laute hören, die er benutzt, bemerken Sie, dass Julia völlig andere Laute hat. Sie können also selbst bestimmte Laute im Text markieren, welche die Figur benutzt, und daraus lässt sich die psychologische Geste entwickeln. Natürlich findet sich das nur bei Genies wie Shakespeare oder Goethe, und dann unbewusst. Sie können bestimmte Laute markieren und werden sehen, welche Figur sie spricht. Das steht im Zusammenhang mit der Aussprache. In seiner entsprechenden Methode erklärt Dr. Rudolf Steiner das und zeigt sehr einfach, wie sich die Figur aus den Lauten entwickelt.

Alles kann dazu verwendet werden, zu erforschen und herauszufinden, was die psychologische Geste der Figur ist. Wenn wir beobachten, wie jemand geht, wie er sich bewegt, welche Gesten er ausführt, liegt da eine psychologische Geste verborgen. Wir müssen uns die Figur auf der Bühne vorstellen: Welche Laute sie benutzt, was für eine Stimme sie hat, wie sie geht, welche Art Pausen sie macht usw. Wenn wir uns alle diese Dinge vor Augen führen, entdecken wir die psychologische Geste der Figur.

Peter Frye Sie haben im Unterricht über das Gespür für Leichtigkeit bei einem Darsteller gesprochen, dessen schauspielerische Technik so grossartig war, dass er sich selbst in einer sehr tragischen Szene wegdrehen und eine witzige Bemerkung machen konnte. Früher hatte ich die gegenläufige Vorstellung, ich müsste so sehr involviert sein, dass ich Stühle zertrümmerte usw. Als ich an dieser Rolle arbeitete, die ich auf der Basis einer sehr sentimentalen Geschichte entwickelte und die anfangs auch arg kitschig war, fühlte ich mich schrecklich erleichtert. Seitdem habe ich versucht, die von mir erschaffene Figur unter Kontrolle zu halten, beobachte, spiele und projiziere sie so, dass ich damit klarkomme. Dabei fühle ich mich jedoch weder entspannt noch gut oder offen und ich frage mich, ob das der Preis dieser Kontrolle ist.

Michael Tschechow Ich hatte den Eindruck, dass Sie Ihre erste Figuren-Interpretation nicht ganz richtig kontrollierten, bei der Sie weinten und sehr kräftig spielten. Das war eine andere Figur. Aber Sie können die Kontrolle über die erste genauso wie über die zweite Figur haben. Es scheint mir jedoch, dass Sie die Figur im Laufe der Arbeit veränderten. Mein Eindruck ist, Sie werden müde durch dieses totale Zurückhalten auf eine falsche Weise. Es liegt mehr an der Spielweise als am Stil. Wenn Sie müde werden, ist das ein Zeichen dafür, dass eine kleine Sache nicht stimmt. Aber sie war so unbedeutend und so kaschiert durch gute Dinge, dass es kein grosser Fehler war. Diese Form der Müdigkeit, die Sie heute beschrieben haben, kommt immer von … Machen Sie weiter mit dem Sketch.

LACHEN – OBJEKTIVITÄT

Wenn wir lachen, gehen wir einen Schritt über uns hinaus, weil in der menschlichen Psychologie die Fähigkeit zu lachen darauf beruht, dass wir frühere Erfahrungen in unserem Leben überwunden haben. Wir stehen jetzt über ihnen. Es gibt beispielsweise einige Dinge, die einen lange Zeit verletzen und die man einfach nicht überwinden kann. Doch plötzlich hat die Person das Gefühl, nicht mehr davon berührt zu sein. Sie ist innerlich eine Stufe gewachsen und steht nun über der Sache. Dieser Schritt nach oben bedeutet, dass wir mehr als zuvor zu lachen in der Lage sind. Auch das Gegenteil trifft zu: Wenn wir lachen können, sind wir in der Lage, bestimmte Charakterschwächen zu überwinden, wie zum Beispiel sich beleidigt zu fühlen u. ä.

Lachen zu können heisst, eine objektivere Sicht auf sich selbst zu erhalten. Lache ich über andere, nützt mir das nicht viel, lache ich aber über mich selbst, heisst das, ich wachse. Der

Schauspieler muss diese Fähigkeit besitzen. Je objektiver wir uns selbst betrachten, desto stärker erblühen unsere künstlerischen Fähigkeiten, weil unser Egoismus und unsere Selbstbezogenheit uns oft einschränken und wir dadurch zu Sklaven unserer eigenen Persönlichkeit werden.

ZWEI BEWUSSTSEINSZUSTÄNDE

Man muss wie Goethe zwei Arten von Bewusstsein haben. Eines hat ihn immer beobachtet, und das andere war Goethe selbst. Je besser wir das können, desto stärker entwickeln wir unsere Fähigkeit zu lachen. Lachen wir dagegen ohne dieses andere Bewusstsein, landen wir beim Kichern, das uns nichts gibt und nur das Gehirn weich und das Herz leer macht. Um das Lachen vor diesem geradezu idiotischen geistigen Zustand zu bewahren, müssen wir in dem Moment, wenn wir zu lachen beginnen, tragisch sein, damit die Traurigkeit im Augenblick des Lachens für die menschliche Komponente sorgt. Kichern würgt unseren schöpferischen Prozess und unsere Fähigkeiten ab, und wir müssen es mit gleichzeitiger Ernsthaftigkeit unterbinden.

Die tragische Haltung dem Leben gegenüber muss mit sehr einfachen Mitteln entwickelt werden. Man muss sich bestimmte tragische Ereignisse im Leben anschauen, sich einfach darauf konzentrieren und sehen, was sie bedeuten. Zum Beispiel, was es bedeutet, dass Japan die USA auf diese hinterhältige Weise angegriffen hat. Wenn wir richtig darauf schauen und uns völlig darauf konzentrieren, wird uns tragisch zumute, weil es ja auch tragisch ist. Die Fähigkeit zu lachen können wir auch dadurch entwickeln, indem wir Dinge betrachten, die zunächst gar nicht komisch erscheinen. Nehmen Sie sich zum Beispiel einen Knopf und schauen ihn lange genug an. Sie werden in Gelächter ausbrechen. Es ist ein schrecklich komisches Ding. Diese beiden Fähigkeiten – über den Knopf zu lachen und vor Gekicher bewahrt zu werden, indem man sich Japans Verhalten vor Augen führt – sind notwendig für den Schauspieler.

BEDEUTUNG

Alles auf der Bühne muss eine Bedeutung haben. Selbst wenn wir das naturalistischste Stück spielen, muss alles bedeutungsvoll getan werden. Der Schauspieler muss in sich die ganze Zeit das Gefühl dieser Bedeutung haben. Ich appelliere an Ihr instinktives Gespür für Bedeutung, weil sie so einfach und dem Schauspieler so zugänglich ist und weil sie ihm vor allem einen sehr guten Stil gibt. Jeder von uns kann nur auf seine eigene Weise bedeutungsvoll sein. Wenn wir die Art von Bedeutung finden, die uns persönlich angemessen ist, schleicht sie sich in unser Spiel und gibt uns unseren individuellen differenzierten Stil. Ein weiterer Gewinn besteht in der Wirkung auf das Publikum, denn wenn es etwas sieht, das der Schauspieler innerlich mit Bedeutung ausdrückt, folgt es ihm, ist an ihm dran und hilft ihm.

Ausserdem erspart uns dieses Gespür für Bedeutung die Notwendigkeit, im Theater den Raum zu überwinden. Der Raum verliert sofort seine falsche Bedeutung für uns. Ein Beispiel: Wenn ich bedeutungsvoll nach links schaue, sieht das auch die Person, die am weitesten entfernt sitzt. Selbst wenn sie es gar nicht richtig erkennen kann, ist nämlich der Eindruck da und die Vorstellungskraft des Publikums erfasst ihn umgehend, weil es die Bedeutung versteht. Die kleinste Bewegung der Augen oder des Gesichts und das Erbleichen oder Erröten des Schauspielers scheinen da zu sein, nicht weil das Publikum sie tatsächlich sehen kann, sondern weil sie mit Bedeutung ausgeführt werden. Diese Bedeutung erreicht der Schauspieler instinktiv. Tiere bewegen sich wunderbar dank dieses Instinkts; selbst das kleinste Insekt bewegt sich noch mit angeborenem Vergnügen. Genauso muss unsere instinktive Bedeutung durch einfache Übungen erweckt werden, und sie wird dem auf der Bühne stehenden Schauspieler grosses Vergnügen bereiten.

ÜBUNG

Bleiben Sie so sitzen, bewegen Sie Ihre rechte Hand und versuchen Sie, das für sich mit Bedeutung aufzuladen. Das ist das ganze Geheimnis. Wir werden unseren ganzen Körper anders erfahren wegen dieser Bedeutung, die für uns genauso instinktiv ist wie dessen Bewegung für das Tier. Jetzt schauen Sie bedeutungsvoll nach links und wieder zurück. Dann nach oben und nach unten in einer einzigen Bewegung, um diese Bedeutung auszudrücken. Darin besteht das beste Mittel, die Aufmerksamkeit des Publikums zu gewinnen. Auf der Bühne versuchen wir das immer, und wenn uns das Publikum nicht anschaut, werden wir krank. Manchmal benutzen wir andere Mittel, um sie zu gewinnen, und verschwenden damit unsere Zeit. Wenn wir Bedeutung benutzen, nimmt das Publikum uns sofort wahr.

ÜBUNG

Jetzt lassen Sie uns eine schnelle Bewegung ausführen und die Bedeutung bewahren. Während wir diese Übungen machen, müssen wir eine Sache überwinden, und das ist die Neigung, ein wenig steif und angespannt zu werden. Vermeiden Sie das und versuchen Sie, einen rein psychologischen Zustand zu erreichen. Einerseits macht uns das vielleicht steif, andererseits kann die Bedeutung einen so entspannt, leicht und wahrhaftig machen, dass sie uns zu weit wegtreibt und zu viel wird, dann platzt sie sofort wie eine Seifenblase. Wir müssen also die richtige Art von Bedeutung finden, ohne dass es zu körperlich oder zu geistig wird. Einmal schimpfte ich jemanden in meinem Privatleben aus und machte dabei eine sehr banale Bewegung. Ich nahm wahr, dass die andere Person von dieser Handlung sehr beeindruckt war, weil ich sie bedeutungsvoll ausführte, und verlor dadurch sofort die Bedeutung des Ganzen! Jetzt führen Sie die Übung aus, sich bedeutungsvoll anzusehen, und senken Sie dann die Augen. Manchmal macht man eine Sache bedeutungsvoll, indem man sie ignoriert, und manchmal betont man unbedeutende Sachen in einem solchen Ausmass, dass sie auf falsche Weise Bedeutung erhalten.

Elfte Unterrichtsstunde

Die psychologische Geste

12. Dezember 1941

DIE PSYCHOLOGISCHE GESTE

Nehmen Sie eine bestimmte Geste, z. B. «etwas zu ergreifen». Führen Sie das körperlich aus. Jetzt tun Sie es lediglich innerlich und bleiben Sie dabei physisch völlig unbewegt. Sobald wir diese Geste entwickelt haben, wird sie zu einer bestimmten Art «Psychologie», und das wollen wir erreichen. Als nächstes sprechen Sie auf der Grundlage dieser Geste, die Sie innerlich ausführen, den Satz: «Bitte, Liebling, sag mir die Wahrheit.» Während Sie sprechen, führen Sie innerlich die Geste aus. Je mehr Sie diese Gesten ausführen, desto stärker werden Sie erkennen, dass sie eine bestimmte Art zu spielen anregen. Sie rufen Gefühle hervor, Emotionen und Willensimpulse. Nun machen Sie beides zusammen, die Geste und den Satz. Dann unterlassen Sie die physische Geste und sprechen Sie, wobei Sie die Geste lediglich innerlich ausführen.

Stellen Sie sich vor, Ihr Regisseur schlägt Ihnen eine bestimmte darstellerische Geste vor, die nichts mit der psychologischen Geste zu tun hat. Sie können die Geste des Regisseurs ausführen und trotzdem dabei dieses psychologische Rückgrat haben. Die darstellerische Geste und die psychologische Geste widersprechen sich nicht und dürfen nicht deckungsgleich sein.

Nehmen Sie eine andere psychologische Geste und lauschen Sie auf das, was in Ihrer Seele vor sich geht. Üben Sie die Geste immer soweit, dass Sie sicher sein können, sie ist da. Jeder Schauspieler wird sie anders empfinden, selbst wenn Sie alle dieselbe Geste ausführen. Hier sind wir wirklich frei, wenn wir mit der psychologischen Geste beginnen, weil niemand wissen kann, was in Ihrer Seele vor sich geht, wenn Sie die Geste ausführen. Das Publikum wird *Sie* sehen, was das Wertvollste auf der Bühne ist. Wenn Sie Ihrer Psychologie freien Lauf lassen, stellen sich viele Nuancen ein.

Benutzen Sie die psychologische Geste als ein Sprungbrett, und Sie werden erkennen, dass Sie vielfältiger sind, als Sie es von der Geste denken. Sie muss lange genug geübt werden, um ein angenehmer Teil unserer Psychologie zu werden. Es ist immer gut, sich daran zu erinnern, dass zwar unser realer Körper nicht im Boden versinken oder sich in die Luft erheben kann, unser imaginärer Körper aber sehr wohl. Die psychologische Geste verändert daher alles in Bezug auf Raum und Zeit, eben weil sie eine psychologische ist.

Führen wir nun auf Grundlage dieser Geste, die wir übten, die eigentliche Handlung aus. Sie betreten den Raum mit den Händen in Ihren Hosentaschen, doch trotz dieser äusserlich laschen, nonchalanten Art haben Sie innerlich diese kräftige Geste. Diese Verbindung sorgt für eine sehr interessante Psychologie.

Stellen wir uns vor, wir spielen *Hamlet*. Wir spielen alle die Rolle von König Claudius, wenn er den Satz spricht: «Wie lebt unser Vetter Hamlet?» Der Regisseur schlägt vor, dass Sie nach aussen hin eine völlig freie Haltung haben, aber innerlich müssen Sie die Geste einer ausgestreckten Hand mit geballter Faust und einen Blick direkt nach vorne erzeugen.

ZWEI EBENEN, ZU SPIELEN

Nun stellen wir uns vor, Hamlet habe eine andere Geste, die Geste, alles andauernd an sich heran und in sich hineinzuziehen. Hamlets psychologische Geste besteht auch darin, nur die Dinge zu nehmen, die sich vor ihm befinden, dabei versucht er jedoch soweit wie möglich auszugreifen. Es handelt sich um einen kleinen, schmalen Bereich, der aber eine grosse Ausdehnung hat. Vergessen Sie nicht die Füsse und Beine, die Sie nicht bewegen müssen, die aber von bestimmten Strömen erwärmt werden. Hamlet hält den Kopf gesenkt, und seine Augen sind nach vorne gerichtet. Er sagt: «Vortrefflich, mein' Treu'». Er steht völlig ruhig da, doch die ganze innere Aktivität besteht aus der Geste. Versuchen Sie, die innere Geste durchgehend zu produzieren, und Sie können mit Ihrer äusserlichen Geste nach Belieben spielen. Wenn das Rückgrat da ist, wird das Publikum diese zweite Ebene wahrnehmen, die immer interessanter ist als die erste. Die zweite Ebene ist immer die der psychologischen Geste.

TEMPO

Die Geste der Königin ist eine mit geschlossenen Augen, der Nacken gestreckt und so, als öffne sie mit den Händen einen Vorhang. Lassen Sie mich an dieser Stelle ein anderes Argument formulieren. Wenn zwei Personen miteinander sprechen, tut die eine das vielleicht mit grosser Geschwindigkeit, während die andere zuhört. Der Zuhörer kann im selben Tempo zuhören oder in einem anderen, was viel interessanter ist. Es gibt immer die Möglichkeit von mindestens zwei Tempi. Wenn wir zur Arbeit am Rhythmus kommen, werden Sie sehen, welch grosser Spielraum für diese Dinge besteht. Sie können auf zwei oder noch mehr Ebenen ablaufen.

Fahren wir mit der Übung zur *Hamlet*-Szene fort. Lassen Sie dieses Mal alle Bewegungen schnell sein und die Sprechweise langsam. In dieser kleinen Szene sind viele Variationen möglich. Es kann eine schnelle Sprechweise mit langsamen Bewegungen sein usw. Um Bewegungen in unterschiedlichem Tempo zur Sprechweise zu beherrschen, sind folgende Übungen sehr nützlich.

STACCATO- UND LEGATO-BEWEGUNGEN

Beim Staccato sind alle Bewegungen sicher und fixiert. Unsere Körper gehorchen uns eigentlich nicht. Wir tun Dinge, die wir gewöhnt sind und normalerweise gar nicht registrieren, aber auf der Bühne bemerken wir, dass unsere Körper uns nicht gehorchen. Wir müssen in der Lage sein, unsere Körper zu fixieren wie Steine. Wenn diese Fähigkeit entwickelt wurde, gibt sie der Seele des Schauspielers enorm viele Möglichkeiten und Gelegenheiten, Dinge auszudrücken, von denen wir jetzt nur träumen. Der Regisseur wird immer ausdrucksstärkere Dinge von seinen Schauspielern verlangen können. Ziehen wir nun den Gegenpol in Erwägung: Beim Legato sind alle Bewegungen langsam und fliessend, nichts unterbricht es in unserem Körper, alles ist wie Wasser, nichts scharf. Bei dieser Übung müssen wir uns vorstellen, dass unsere Bewegung weiterläuft und aus unserem ganzen Körper strömt und ausstrahlt. Dabei ist nicht nur der physische Körper wichtig, sondern die imaginären Dinge ausserhalb von uns und um uns herum sind sogar noch wichtiger.

Wir müssen in der Lage sein, auf der Bühne sofort von einer Art der Existenz zur anderen zu wechseln, sowohl bei den Bewegungen als auch bei der Sprechweise. Unsere Art zu sprechen hängt wesentlich von unserer Fähigkeit uns zu bewegen ab. Bewegen wir uns verkrampft, können wir auch nicht gut sprechen. Durch diese Bewegungsübungen trainieren wir also gleichzeitig unsere Sprechweise. Bei dieser Übung kommt es darauf an, ohne jede Vorbereitung die Fähigkeit zu entwickeln, alles Nötige auszudrücken. Üben Sie, indem Sie in einer Legato-Bewegung zum Stuhl gehen, stellen Sie sich vor, dieser wäre glühend heiss, wenn Sie ihn berühren, und drücken Sie das mit abrupten Staccato-Bewegungen aus. Das wird in Ihnen die Fähigkeit entwickeln, mit jeder Art von Erfahrung umzugehen. Es ist, als erfahre man das Leben auf zwei Planeten: Mars und Jupiter.

«TRICKS»

Diese Dinge sind keine allgemeingültigen Gesetze, genauso wenig handelt es sich um irgendwelche Klischees. Es sind Tricks, die völlig in der menschlichen Natur liegen, doch je mehr wir von diesen «Tricks» kennen, desto besser helfen sie uns, selbst wenn wir sie auf der Bühne nicht als solche anwenden. Wenn wir einige «Tricks» kennen, werden sie uns eines Tages inspirieren. Nehmen wir etwa an, ich will jemand anderen überreden oder ihm etwas erzählen. Spielen wir im selben Tempo, entsteht der Eindruck eines begrenzten Verständnisses, sind die Rhythmen aber unterschiedlich, scheint es da zu sein. Oder wenn Sie auf der Bühne die emotionale und moralische Seite einer Figur zeigen möchten, dann ist es immer gut, frontal zum Publikum zu stehen. Wollen Sie dagegen zeigen, Sie denken clevere, heimtückische und intellektuelle Dinge, ist es besser, dem Publikum das Profil zuzuwenden.

Zwölfte Unterrichtsstunde

Das Theater der Zukunft

15. Dezember 1941

Sie wissen selbstverständlich, dass während des letzten Drittels des vergangenen Jahrhunderts die Wissenschaft – und später die Kunst – sehr materialistisch wurden, und dass Wissenschaftler in dieser Zeit die Behauptung aufstellten, alles sei Materie. Der Aufstieg des Materialismus geht natürlich auf den Anfang des 15. Jahrhunderts zurück, aber das letzte Drittel des 19. Jahrhunderts war sein Höhepunkt. Mit den Folgen leben wir immer noch. Diese materialistische Haltung herrscht nach wie vor.

Was mit der Kunst und dem Theater passierte, ist Folgendes: Wir haben die ganze Poesie unserer Kunst verloren, und sie ist eine trockene Angelegenheit geworden. Wenn wir ernsthaft und wahrhaftig über uns selbst auf der Bühne nachdenken, müssen wir zugeben, wir erleben unsere Körper und Stimmen als rein physische Dinge, mit denen wir das Publikum erreichen. Das ganze Theater wurde für uns Schauspieler enorm materialistisch; unsere Haltung uns selbst und unseren Körpern und Stimmen gegenüber, unser Ansatz für ein neues Stück sind geprägt davon, ob sie unseren Nerven zusagen, und wenn nicht, sind sie nichts wert usw.

Das Theater löst heute keine Probleme. Es fragt nicht nach den derzeitigen ethischen, religiösen oder menschlichen Problemen oder ob die Schauspieler über Voraussicht verfügen.

Wir sind nicht an dem interessiert, was passieren wird. Alles ist auf die Gegenwart reduziert, genauer: auf aktuelle Ereignisse, noch genauer: auf bestimmte Ereignisse. Es könnte nicht komprimierter und versteinerter sein, als es jetzt ist.

DAS THEATER DER ZUKUNFT

Das zukünftige Theater kann diesen Weg des Komprimierens und Austrocknens nicht weitergehen. Es gibt dafür keinen Raum und keine Themen mehr. Alles ist erschöpft. Das Theater muss in die Gegenrichtung gehen, das heisst, alles grösser machen: den Gesichtspunkt, die Ausdrucksmittel, die Themen für Stücke und vor allem die Spielweise.

DER SCHAUSPIELER DER ZUKUNFT

Der Schauspieler muss in Zukunft nicht nur eine andere Haltung zu seinem physischen Körper und seiner Stimme finden, sondern zu seiner ganzen Existenz auf der Bühne, in dem Sinne, dass der Schauspieler als Künstler mehr als jeder andere sein eigenes Selbst mit den Mitteln seines Berufes vergrössern muss. Ich meine das auf sehr konkrete Weise, bis hin zu einem völlig anderen Raumgefühl. Seine Art zu denken muss anders sein, seine Gefühle müssen anderer Art sein, sein Gefühl für Körper und Stimme, seine Haltung zum Bühnenbild – alles muss grösser sein. Die Luft um das Theater herum muss tatsächlich Luft sein. Lassen Sie mich das in einigen Worten erläutern.

«WAS» UND «WARUM»: «WIE» IST DAS GEHEIMNIS DER ZUKUNFT

Es gibt immer ein gewisses «Was», das Stück ist das «Was», und wir müssen unsere Rollen als «Was» angehen. In der Wissenschaft ist alles «Was». Bei diesem «Was» eröffnen sich zwei Wege. Der eine führt zum «Warum» und ist reine Wissenschaft. Wenn wir uns ein Stück vornehmen und versuchen herauszufinden, «warum» der Autor dies oder das getan hat, werden wir nie in der Lage sein, es zu spielen. Der andere Weg ist das «Wie», und er ist der richtige für uns als Schauspieler.

Wenn wir beispielsweise auf der Bühne eifersüchtig werden können, ohne zu wissen warum, dann sind wir Künstler. Unter der Überschrift «Meine Voraussage für das Theater der Zukunft» würde ich sagen: Je mehr uns die materialistisch gesinnte Welt zwingt, den Weg des «Warum» zu gehen, desto weniger sind wir in der Lage, unsere Fähigkeiten und Talente zu entwickeln. Dieses «Warum» ist derzeit in der Kunst weit verbreitet. Wenn Sie fragen, wie ich wissen kann, «wie» etwas zu tun ist, wenn ich nicht «warum» weiss, antworte ich, das sei eine sehr materialistische Frage, denn *«wie» ist das Geheimnis der Kunst*, das Geheimnis des Künstlers, der immer das «Wie» weiss – ohne Erklärung, ohne Beweis, ohne Analyse oder psychologische Fähigkeiten. Der Schauspieler kennt ganz einfach Hamlet oder Johanna von Orléans. Warum? Weil ich ein Schauspieler bin. Wenn wir nicht bereit sind, diese Ansicht über das «Wie» zu akzeptieren, das unser Leben ist, helfen uns alle «Warums» nicht.

Nehmen wir zum Beispiel an, wir sprechen mit einem brillanten Schauspieler über diese Dinge. Vielleicht sagt er, er sei nicht daran interessiert. Wir sollen ihn sich einfach selbst ausdrücken lassen, sein eigenes «Wie», weil er unsere Rechtfertigungen nicht braucht. Lassen Sie uns dagegen einen völlig unbegabten Schauspieler nach dem «Warum» und dem «Wie» fragen. Meinen Sie, das hilft ihm? Nein, denn er hat kein «Wie» in seiner Seele. Bei beiden dieser extremen Beispiele ist das «Warum» der materialistische Kunstansatz, der im letzten Drittel des vorigen Jahrhunderts florierte und unter dessen Folgen wir immer noch leiden. Wir müssen alle nur möglichen Versuche unternehmen, um diese Beschränkungen unserer professionellen Arbeit zu durchbrechen. Das «Wie» ist unsere Angelegenheit und das «Warum» diejenige der Wissenschaftler.

UNSERE METHODE

Betrachten wir nun unsere Methode. Alles an ihr hat die Tendenz, Beschränkungen unseres Körpers zu durchbrechen, unserer Stimme und anderer Fähigkeiten, um zu diesem «Wie» zu gelangen. So besteht etwa die *Atmosphäre*, wenn richtig ausgedrückt, in nichts anderem als der Ausdehnung unseres eigenen Körpers in den uns umgebenden Raum, so dass wir körperlich weniger bedeutungsvoll werden. Mit der Atmosphäre geschieht etwas um mich herum und in mir, mein Körper wird das Instrument, das Vorschläge von diesen Dingen aufnimmt und diesen äusserlichen Einflüssen zu gehorchen beginnt. Wenn wir die Atmosphäre also richtig erfahren, dehnt sie unser Wesen aus.

Betrachten wir die *Überaufgabe*. Die Überaufgabe ist meine Absicht, meine Sehnsucht, das, was ich will. Nehmen Sie an, Sie haben sie schon verwirklicht. Ich bin sozusagen bereits ausserhalb meiner körperlichen Begrenzung. Es ist, als fliege ich irgendwo.

Oder nehmen wir die *Ausstrahlung*, die bedeutet, alles zu geben, was ich in mir habe. Wieder wird mein Körper grösser und künstlerischer.

Vorbereiten und Aufrechterhalten sind auch Prozesse, die meiner harten, körperlichen Art vorangehen, ihr dann folgen und weiter ablaufen. Auch das ist ein Weg, das Wesen des Schauspielers auszudehnen.

Die *psychologische Geste* ist eine rein psychologische Angelegenheit, die uns zu uns selbst als Schauspielern führt. Eigentlich steht die psychologische Geste über dem Theater und geht über es hinaus. Jede Geste ist ein Mittel, uns grösser zu machen, all diese verfestigten Begrenzungen und Hindernisse zu durchbrechen, die wir durch die materialistischen Anschauungen uns selbst gegenüber haben.

DER SCHAUSPIELER WIRD DAS SPIRITUELLE THEATER ENTDECKEN

Wenn ich mir vorzustellen versuche, was das Theater in Zukunft sein kann und wird (das meine ich jetzt überhaupt nicht mystisch oder religiös), wird es eine rein spirituelle Angelegenheit sein, bei der die Künstler den menschlichen Geist wiederentdecken. Wir Künstler und Schauspieler werden die Psychologie eines wahren menschlichen Wesens formulieren. Der Geist wird konkret untersucht werden. Er wird nichts «Allgemeines» sein, sondern ein konkretes Werkzeug oder Mittel, mit dem wir genauso leicht umgehen können müssen wie mit jedem anderen. Der Schauspieler muss wissen, was es ist, wie er es aufgreifen und benutzen kann. Das wird mit dem Geist passieren, und er wird wieder etwas völlig Ehrenhaftes werden, wenn wir richtig mit ihm umgehen können und verstehen, wie konkret und objektiv er für uns zu sein vermag. Er kann gegenüber unseren Mitmenschen viel ausdrucksstärker sein. Ich glaube an das geistige Theater, im Sinne einer konkreten Untersuchung der geistigen Natur eines Menschen, aber diese Untersuchung muss von Künstlern und Schauspielern und nicht von Wissenschaftlern vorgenommen werden.

Es ist interessant zu wissen, dass auch einige Wissenschaftler mit dem anfangen, über das wir hier sprechen. In vielen Ländern ist diese neue Wissenschaft bereits am Wachsen. Selbst auf dem Feld der Mathematik, das völlig versteift erscheint, gibt es neue, flexible Dinge, die sie entdecken und die wichtig werden, und andere Dinge werden sogar zu wahrer Kunst. Vor kurzem besichtigte ich eine Farm in der Nähe von Philadelphia, die nach diesem neuen Ansatz arbeitet. Dort nehmen sie diese Probleme in Angriff. Sie versuchen, all die Kräfte um den Erdboden herum wissenschaftlich anzugehen, die verschiedenen Einflüsse von Pflanzen, und sie platzieren ihre Samenkörner zu bestimmten Zeiten im Boden. Bestimmte Pflanzen sind Feinde und können nicht nebeneinander angebaut werden. Deshalb wird zwischen zwei Feinde eine freundliche Pflanze gesetzt, die weit besser gedeiht. Das ergibt schon für das Auge einen grossen Unterschied. Die Erde wird reicher und stärker. Gäbe es diese Konflikte zwischen Feinden nicht, würde sie ausgelaugt.

In allen Bereichen der Wissenschaft haben wir diesen neuen Ansatz, bei dem viele Dinge in Erwägung gezogen werden, die vom heutigen Stand aus betrachtet unsinnig erscheinen. Ich bin mir sicher, dass das, was wir hier als Gruppe besprechen, für viele Schauspieler auf der Welt einfach nur Unsinn ist. Wenn sie einen Text und ein Kostüm haben, was brauchen sie dann noch? Ich kannte einen berühmten französischen Schauspieler, den ich mehrfach in seiner Garderobe besuchte, als er verschiedene Rollen spielte. Jedes Mal war ich schockiert, weil er sich nicht um sein Make-up kümmerte, ausser an zwei Stellen, eine hier und die andere dort. Für ihn wären also all diese Dinge reiner Unsinn.

Welche Punkte wir auch immer nehmen, jeder führt uns aus uns selbst heraus. Wenn Sie sie üben wollen, wäre es gut, sich daran zu erinnern, dass der Weg, der aus einem heraus führt, der richtige ist.

CHARAKTERISIERUNG

Heute möchte ich die Frage der *Charakterisierung* angehen und sie näher untersuchen. Lassen Sie mich als Erstes sagen, dass jede Rolle eine Charakterrolle ist. Nichtsdestoweniger versuchen Schauspieler bei uns und anderswo derzeit, möglichst so wie im alltäglichen Leben zu spielen. Dabei würgen sie jede Möglichkeit zur Charakterisierung in der Rolle ab und gleichen sie an sich selbst an. Sehr häufig sehen wir Schauspieler in den unterschiedlichsten Rollen immer nur als sie selbst, ohne dass sie auch nur versuchten herauszufinden, wie sich eine Rolle von einer anderen unterscheiden kann, was der völlig entgegengesetzte Ansatz wäre. Heutige Schauspieler sind in der Regel bemüht, jede Form der Charakterisierung abzuwürgen und den Eindruck zu erwecken, die Rolle sei exakt wie sie selbst. Das beraubt uns der Möglichkeit, unsere verschiedenen «Wie» zu entwickeln und sie uns selbst und einander zu zeigen.

Deshalb ist es im modernen Theater ein grosser Fehler, Charakterisierung auszuschliessen. Figuren können sehr differenziert und sehr empfindlich sein oder völlig offensichtlich, aber das ist nur eine Frage der Dimension. In jedem Fall gibt es immer bestimmte Möglichkeiten der Charakterisierung. Nur wie sollen wir sie angehen? Lassen Sie uns zunächst wiederum den falschen Weg betrachten. Wenn wir die Charakterisierung akzeptieren oder es zumindest versuchen, verlassen wir uns vielleicht zuerst auf unseren physischen Körper, so wie er ist, und verrenken ihn im Sinne der Vorstellung, die wir von der

Rolle haben. Zweitens verlassen wir uns vielleicht auf Kostüm und Maske. Oder, wenn die Rolle die einer fetten Person ist, darauf, dass wir ausgestopft werden, oder, wenn es sich um einen Landstreicher handelt, auf zerrissene Kleidung usw. Alles nur von aussen. Ich übertreibe natürlich, jedoch nur um mein Argument zu verdeutlichen.

DAS ZENTRUM

Glücklicherweise gibt es einen anderen Weg, der viel besser ist, unserem Wesen als Schauspieler mehr entspricht, unser Bedürfnis stärker zufriedenstellt, etwas daraus zu machen und zu sehen, wie der Körper sich darauf einstellen kann: die geistige, einfallsreich gestaltete Charakterisierung. Wir haben über das imaginäre Zentrum in unserer Brust gesprochen. Wenn wir es tatsächlich erfahren, gewöhnen wir uns an die Vorstellung, dass wir ein bewegliches Zentrum haben, von dem alles andere abhängt. Ein normaler Mensch hat im Alltag sein Zentrum in der Brust, und alles sammelt sich dort.

Gehen wir jetzt mit diesem Zentrum in unserer Brust im Raum herum. Es ist die Kraft, die uns vorwärts bringt. Wir müssen nur ein wenig darauf achten, um zu erkennen, dass wir fit, gesund und wohlgeformt sind, aber noch ohne eine Charakterisierung im theatralischen Sinn. Setzen Sie sich hin, achten Sie ein wenig auf dieses Zentrum, und Sie werden sehen, wie es Sie unterstützt und Ihnen hilft.

Eine wichtige Sache muss dabei in Erwägung gezogen werden. Die Idee des Zentrums ist eine imaginäre, doch auch eine konkrete. Es ist eine künstlerisch richtige Vorstellung, diesen Impuls aus dem Zentrum zu haben. Stehen wir auf, angetrieben von diesem Zentrum. Jetzt strecken Sie Arme und Hände aus, dem Impuls aus dem Zentrum folgend. Auch der Impuls, die Arme fallen zu lassen, kommt aus dem Zentrum, alles kommt aus dem Zentrum. Wenn wir gehen, erhalten unsere Füsse und Beine den Impuls aus diesem Zentrum ganz einfach, ohne jede besondere Anstrengung. Trainieren wir auf diese Weise, stellt sich das Gefühl ein, unsere Beine seien länger, als wir bisher glaubten. Das Zentrum vermittelt diesen Eindruck, weil die Beine mit diesem imaginären Zentrum in unserer Brust verbunden sind.

Ich habe bereits erwähnt, dass wir in unserem Körper viele Hindernisse haben. Unsere Finger können beispielsweise so blockiert sein, dass wir sie bei unseren Aktionen nicht benutzen. Alle diese Hindernisse lassen sich durch unser Verständnis des imaginären Zentrums überwinden, wenn es so entwickelt ist, dass der ganze Körper frei wird. Der Impuls aus unserer Brust befreit alle diese Dinge und macht unseren Körper ausdrucksstärker, aber wenn wir über keine Quelle verfügen, aus der die Strömungen fliessen können, verschlimmern sich unsere schlechten Gewohnheiten, und wir stehen wieder mit den Händen in den Hosentaschen da.

Jetzt versuchen Sie, sich bewusst zu machen, dass das Vorhandensein des imaginären Zentrums in der Brust eigentlich reine Psychologie ist, weil es dazu führt, dass man sich völlig anders fühlt. Es ist aber kein Teil der Psychologie des Schauspielers. Jeder Teil unseres Körpers, wie z. B. unsere Stimme, reagiert auf subtilste Weise auf diese Vorschläge. Wenn wir uns im Spiegel betrachten, werden wir andere Menschen. Wir wollen uns so sehen, wie wir unserer Meinung nach sein sollten, doch wegen des Spiegels lässt sich ein gewisser Egoismus nicht vermeiden. Mit dem Zentrum ist es etwas völlig anderes. Wir erkennen, dass es so etwas gibt wie die psychologische Tatsache dieses imaginären Zentrums.

Jetzt lassen Sie uns das Zentrum in den Magen verlagern und sehen, was das psychologisch für uns bedeutet. Versuchen

Sie, mit diesem Zentrum in Ihrem Magen zu gehen, und lauschen Sie auf die neuen Dinge, die dadurch entstehen. Lassen Sie uns «Hallo» sagen. Das ist bereits eine Charakterisierung, aber wir haben uns ihr nicht von der äusserlichen, materialistischen, unflexiblen Seite genähert, sondern von der rein schauspielerischen, die wir beherrschen: von der Welt unserer Imagination aus, von unseren kreativen Fähigkeiten aus, nicht von unserem Körper. Jetzt verlagern Sie das Zentrum in Ihre rechte Schulter und lauschen Sie, was es Ihnen sagt. Niemand weiss, wie Ihre Natur auf diesen Vorschlag reagiert, doch Ihr Talent wird umgehend reagieren.

Folgen Sie allen Vorschlägen, die daraus entstehen mögen. Sobald Sie Ihr Zentrum verlagern, werden Sie erkennen, dass Sie als Schauspieler die völlig natürliche Sehnsucht haben, Ihren physischen Körper irgendwie diesem imaginären Zentrum anzupassen. Jetzt lassen Sie uns das Zentrum in die Stirn verlagern. Es kann unterschiedliche Qualitäten haben: heiss, kalt, sprudelnd usw. Versuchen Sie, das Zentrum in der Stirn zusammenzuziehen und kalt werden zu lassen, und folgen Sie den daraus entstehenden Anregungen. Nun verlagern Sie es etwa einen halben Meter über Ihren Kopf. Bewegen Sie sich, sprechen Sie miteinander, setzen Sie sich, stehen Sie wieder auf usw. und achten Sie dabei auf mögliche psychologische Veränderungen. Jetzt lassen Sie uns mit dem Zentrum einen halben Meter über unseren Köpfen tanzen. Und nun verlagern Sie das Zentrum in Ihre Knie und tanzen erneut.

Diese Arbeit der Suche nach dem Zentrum ist völlig frei für den Schauspieler. Wo liegt beispielsweise das Zentrum Desdemonas? Das muss die Schauspielerin selbst herausfinden. Wie kann sie das? Nur auf diese Weise: Wir müssen uns die Figur, die wir spielen werden, in verschiedenen Situationen des Stücks vorstellen und registrieren, wie sie agiert. Wir müssen zunächst in unserer Vorstellung die Figur betrachten, um zu sehen, wie sie sich verhält und welche Erfahrungen sie macht.

In unserer Vorstellung sind wir irgendwie künstlerisch hellseherisch, weil wir die Gefühle der Figur, die wir spielen werden, vor uns sehen, wenn wir sie uns vorstellen. Wir können König Claudius sehen, wenn er betet: Wir sehen ihn mit diesen bösen Mächten ringen. Wir können uns diese Figur und sein Gebet nur vorstellen, wenn wir in unserer Imagination hellseherisch sind und *sehen*, was er fühlt.

Wenn wir etwa Desdemona nehmen und sie in der Welt der Imagination agieren und leben sehen, erkennen wir ihr tiefstes inneres Leben, und wenn wir uns fragen, wo ihr Zentrum liegt – im allgemeinen oder in einem spezifischen Sinne –, wird sich ein Vorschlag einstellen, und wir werden wissen, wo sich ihr Zentrum befindet. Wenn Sie Iago sehen und hören und hellseherisch in Ihrer Imagination sind, werden Sie erkennen, wo sein Zentrum liegt. Finden Sie nämlich nicht gleich das Zentrum, können Sie für eine sehr lange Zeit verloren sein, wenn Sie in Ihrem Körper all die komplizierten und manchmal völlig unkalkulierbaren Reichtümer der Figur zu ergreifen und zu absorbieren versuchen. Othello etwa ist eine enorm komplizierte Figur, wenn man sie sich richtig vorstellt. Es gibt so viele Dinge, die korrekt verarbeitet werden müssen, dass wir uns verlieren können. Der Weg, das zu überwinden, besteht darin, zunächst das Zentrum zu finden, und alles andere folgt dann umso schneller. Aber ohne es können wir ziemlich verloren sein.

DER IMAGINÄRE KÖRPER

Wenn wir mit Mitteln der Imagination herausgefunden haben, wo das Zentrum liegt – parallel zum Entwickeln unserer Vorstellung für eine bestimmte Rolle oder Figur –, können wir uns genauso frei wie beim Zentrum auch alle anderen Teile des Körpers der Figur vorstellen oder erfinden. Aber bevor wir zu unserem physischen Körper kommen, der so steif und voller Gewohnheiten ist, dass er uns auf der Bühne sehr gleichförmig macht, stellen Sie sich zunächst den unsichtbaren Körper der Figur vor. Nehmen wir an, wir haben das Zentrum der Figur im Zwerchfell gefunden. Jetzt können wir uns genauso leicht vorstellen, die Arme und Hände seien länger, als sie es tatsächlich sind, vielleicht 15 Zentimeter. Wenn wir unseren realen Armen und Händen keine Gewalt antun, was nur einen ungesunden und forcierten Eindruck machen würde, sondern unsere Imagination mit diesen längeren Armen und Händen leben lassen, erkennen wir, wie sie sich von sich aus verändern, nicht weil wir es ihnen aufzwingen, länger zu werden, sondern weil sie den Eindruck erwecken, sie seien länger. Wenn wir versuchen, sie zu strecken, entsteht nur der *Eindruck*, dass der Schauspieler sich quält, doch wenn wir uns auf das imaginäre Bild dieser Arme und Hände verlassen, erwecken sie den *Eindruck*, sie seien länger.

Als Kontrast stellen Sie sich vor, Ihr imaginärer Körper sei 15 Zentimeter kleiner, als er es tatsächlich ist. Wenn Sie es sich vorstellen, werden Sie bemerken, dass Sie sich bereits weit entfernt von Ihrer eigenen Psychologie haben, dass Sie in ein anderes imaginäres Wesen eingetaucht sind, dass Sie eine andere Psychologie besitzen, anders sprechen und sich anders bewegen. Ihr ganzes Temperament verändert sich. Jetzt stellen Sie sich zusätzlich vor, Ihre rechte Schulter sei höher als Ihre linke. Stellen Sie es sich zuerst vor und lassen Sie sich Ihren physischen Körper dann sozusagen umgehend diesem imaginären Körper anpassen. Der Schauspieler muss mutig genug sein, sich von seinem eigenen steifen Körper zu verabschieden und den Anregungen seines imaginären Körpers zu folgen. Er muss sich vergrössern und flexibel werden. Um dem gegenwärtigen materialistischen Zeitalter etwas entgegenzusetzen, muss der Schauspieler flexible und geistige, aber konkrete Dinge finden.

Jetzt lassen Sie uns den imaginären Körper verwandeln. Das Zentrum liegt nicht im Brustkorb, der imaginäre Körper ist 30 Zentimeter grösser, und dass Zentrum befindet sich in seinem Nacken. Versuchen Sie, sich zu bewegen, und Sie werden sehen, wie der physische Körper nach und nach mit dem imaginären verschmelzen will. Achten Sie auch auf die veränderte Psychologie, die sich über die Imagination ergibt. Zusätzlich stellen Sie sich den Körper rank und schlank vor und die Arme und Hände länger, ganz im Sinne der grossen, imaginären Figur. Achten Sie gar nicht auf Ihren physischen Körper, er wird sich der Imagination anpassen und dadurch stimmiger sein. Geniessen Sie den imaginären Körper, und alles wird sich von selbst einstellen. Jetzt stellen Sie sich die Finger lang und zugespitzt vor.

Wenn Sie dieses Mittel bei der Vorbereitung einer Rolle einsetzen wollen, dürfen Sie nicht vergessen, dass die Imagination in Bezug auf die Figur ganz grundsätzlich nötig ist und gleichzeitig mit Ihren Bemühungen, den richtigen Ort für das Zentrum der Figur zu finden, abläuft. Die Arme, Hände, Füsse, der Rücken und alles andere in Bezug auf die Figur müssen genauso imaginiert werden. Dann versuchen Sie, Worte aus dem Stück zu sprechen oder improvisieren Sie völlig frei, aber eine Sache muss unterbleiben: Versuchen Sie nicht zu sehr, Ihren physischen Körper dem imaginären anzugleichen. Selbst wenn es zunächst an Ausdruck fehlt, haben Sie Geduld.

Wenn der imaginäre Körper stark genug in Ihnen lebt, wird der physische leichter gehorchen und gewissermassen den imaginären Körper imitieren. Zwingen Sie Ihren physischen Körper zu früh, könnte die ganze Sache auseinanderfallen, weil Sie sich vielleicht nur auf Ihren physischen Körper verlassen oder Ihre alten Klischees wiederholen. Nach bestimmten Erfahrungen mit dem imaginären Körper und dem Zentrum werden Sie den Eindruck gewinnen, dass Ihr physischer Körper mehr oder weniger sofort wie der imaginäre wird.

DER KÖRPER UND DIE KÜNSTLERISCHE SEELE DES SCHAUSPIELERS

Wir müssen unseren imaginären Körper in unserer Fantasie erschaffen. Heutzutage ist der physische Körper auf der Bühne zumeist der Feind des Schauspielers. Vom Gesichtspunkt des Theaters der Zukunft aus, so wie ich es mir vorstelle, wird alles zunehmend spiritueller werden, im Sinne einer konkreten Geistigkeit. Wenn unser physischer Körper unentwickelt bleibt, wird er eher unser Feind als unser Freund. Wir müssen die Anstrengung unternehmen, unseren physischen Körper mit all seinen Fähigkeiten und Mängeln von unserer künstlerischen Seele zu trennen, die in jedem von uns so reich ist, so voller Sehnsüchte, dieses oder jenes zu erschaffen. Wenn wir in Gedanken für einen Augenblick unsere Seele und unseren Körper trennen können, sehen wir, um welch verschiedene Welten es sich handelt.

Zur Zeit ist unsere kreative Seele absolut der Sklave unseres Körpers, und wir können nicht umsetzen, was wir wollen. Wenn wir dazu fähig sind, auch nur einen kleinen Teil unserer künstlerischen Träume zu integrieren, auszuagieren und zu erfüllen, glauben wir, schon einen Sieg errungen zu haben. Aber warum nicht zu hundert Prozent siegen? Das ist möglich, wenn wir einerseits die materialistische Konzeption des Theaters überwinden, die tief in uns sitzt, und andererseits an unseren Körpern arbeiten. Selbst wenn wir schon Jahre auf der Bühne stehen, bleibt der physische Körper so feindlich für unseren kreativen Geist, wie er es für einen Schauspielschüler oder einen unerfahrenen Darsteller ist.

Man muss sich nicht für diese Übungen schämen, weil sie für die Zukunft unserer Kunst sehr viel mehr erreichen werden, als die Wiederholung von Fehlern und das Festhalten an unseren steifen, physischen Körpern es tun. Wir haben eine so schöne Zukunft im Theater, wenn Gruppen wie diese hier mutig genug sind, zu kommen und jemandem zuzuhören, der etwas zu sagen hat. Das ist bereits ein grosser Schritt in Richtung dieser Kultur.

Unseren Körper müssen wir als unseren Feind betrachten. Er muss nicht nur mittels der Imagination entwickelt werden, sondern auch mit rein physischen Übungen. Dann kann unser Körper vom Feind zum Freund werden. Passiert das, ist es eine grosse Offenbarung für uns, weil wir erkennen, dass viele schöne kreative Ideen, Impulse, Sehnsüchte und Bilder in Vergessenheit geraten sind, weil uns die Stimme aus unserem steifen Körper – von klein auf bis heute – immer unbewusst souffliert hat, es gar nicht erst zu versuchen.

Diesem unbewussten Vorschlag unseres Körpers muss entgegengearbeitet werden. Dann wird unsere Imagination frei, und wir sehen und integrieren Dinge in unserer Imagination, die wir uns jetzt noch gar nicht ausmalen können, weil wir immer unter dem Einfluss dieses ungreifbaren Souffleurs stehen, unseres physischen Körpers.

In diesem Zusammenhang ist es genauso wichtig, unseren Geist zu entwickeln wie unseren Körper. Deshalb habe ich die Staccato- und Legato-Übungen vorgeschlagen, weil sie so einfach sind, aber bestimmte Schwierigkeiten in unserem Körper überwinden können. Sie dürfen nicht kompliziert sein. All diese körperlichen Übungen müssen so einfach wie möglich sein. Wenn wir mit komplizierten Übungen beginnen, wird unser Körper sie so verändern, dass sie bequem werden. Wir müssen unseren Körper mit einfachen, primitiven Mitteln schlagen. Ein einfacher, guter Staccato-Schlag ist besser als eine kompliziertere Sache.

VIER QUALITÄTEN DER BEWEGUNG

Stellen wir uns vor, wir hätten vier Arten an Bewegung. Eine davon können wir *formen* nennen – was immer wir auch tun, wir formen die Luft um uns herum mittels Bewegungen. Gehen Sie auf formende Weise auf den Stuhl zu. Dann nehmen Sie ihn, setzen Sie ihn an einer anderen Stelle ab und modellieren dabei die ganze Zeit die Luft. Nun setzen Sie sich auf den Stuhl. Alles muss ausgeführt werden mit diesem Willen, der alles um uns herum formt, als fülle die Luft unser ganzes Wesen. Es darf nicht anstrengend sein. Es handelt sich um eine rein psychologische Sache, die unseren Körper erfüllt. Wir müssen uns ständig sagen: Je freier unser Körper ist, desto stärker ist er auch. Der Wille ist etwas, das unsere Muskeln überhaupt nicht braucht. Eigentlich ist unser Wille gar nicht in uns, sondern um uns herum, es ist eine psychologische Angelegenheit. Der tatsächliche Wille auf der Bühne packt uns von aussen. Es ist eine völlig andere Qualität an Willen: viel stärker, viel leichter, viel überzeugender. Ein leichter, lockerer Körper, in dem der Wille uns durchdringt und erweckt. Wenn wir es überstürzen, ist es nicht der Wille, sondern eine nervöse, hysterische Angelegenheit. Dinge schnell zu tun, das ist der Wille. Diese beiden Punkte dürfen wir nicht verwechseln.

Ich möchte betonen, dass keiner der Vorschläge, die ich Ihnen unterbreite, etwas mit Hypnose zu tun hat. Wenn man jemand anderen zu hypnotisieren versucht, muss man die starke Vorstellung besitzen, es bereits getan zu haben. Es ist wie die Überaufgabe, doch auf die andere Person angewandt. Der Wille einer Person muss den einer anderen überwinden. Keines der Mittel unserer Methode führt je dorthin. Hypnose gilt heute als altmodisch und wird selten angewandt, aber die Psychoanalyse wird es, die noch gefährlicher ist. In unserer Methode bedeutet zum Beispiel *Ausstrahlung*, dass ich mich gebe, egal ob man das annehmen will oder nicht.

Eine andere Art von Bewegung ist das *Fliegen*. Machen Sie dieselbe Übung wie zuvor. Nehmen Sie den Stuhl, verrücken Sie ihn und setzen Sie sich mit der Erfahrung der Psychologie des Fliegens. Wiederum wird unser Körper ein gutes Ergebnis bekommen, wenn wir es richtig machen. Versuchen Sie, es durchgehend zu tun – der physische Vorgang wird aufhören, unsere Psychologie jedoch nicht –, innerlich müssen wir weitermachen. Diese Bewegungen werden unsere psychologischen und physischen Begrenzungen durchbrechen. Beim Fliegen fühlen Sie sich körperlich leicht und locker, und auch bei der *Ausstrahlung* werden Sie sich leicht und locker fühlen.

Dreizehnte Unterrichtsstunde

Die Imagination

19. Dezember 1941

DIE IMAGINATION

Machen Sie die Übung, sich das Bild einer Blume vorzustellen und bewegen Sie sich dann im Raum herum, reden und tun Sie viele verschiedene Dinge, halten aber an dem Bild der Blume fest. Wenn etwas auf der Bühne ohne vorherige oder gleichzeitige Vorstellung dargestellt wird, ist es trocken. Gibt es um Ihre Handlungen herum jedoch die «Aura» der Vorstellung, die in Ihnen ablief, ist der Charme der Kunst da.

Machen Sie die Übung, aufzustehen und eine Position einzunehmen, aber tun Sie es nur in Ihrer Vorstellung. Dann versuchen Sie es tatsächlich. Und anschliessend stellen Sie es sich erneut intensiver vor und wiederholen Sie es.

Jetzt stellen Sie sich das Bild eines roten Schals auf dem Stuhl vor. Gehen Sie herum und haben Sie dabei immer eine Verbindung mit dem Schal. Wenn Sie die Notwendigkeit fühlen, stehenzubleiben und das Bild in Ihrer Vorstellung sorgfältiger und näher zu studieren, ist das genau, was wir brauchen.

Gibt es einen Weg, den Gegenstand objektiv und subjektiv zu studieren?

Wenn Sie *denken*, ist das nicht ganz richtig, doch wenn Sie sich etwas *vorstellen* und es zunächst *zeigen*, dann ist das schon richtiger. Allerdings ist es nicht möglich, das zu trennen. Die Serie von Übungen wird verdeutlichen: je mehr an *Zeigen* stattfindet, desto besser.

Das Gedächtnis lässt uns erkennen, wie exakt unsere Imagination sein kann, aber wir erhalten später mehr Freiheit zu erfinden, und das Gedächtnis spielt keine so grosse Rolle mehr. Haben wir erst einmal die Imagination mittels des Gedächtnisses trainiert, können wir uns selbst einen Drachen auf das Genaueste vorstellen, den wir ja nie in Wirklichkeit sahen. Wenn ich weiss, dass ich in meiner Vorstellung fähig sein muss, einen sich bewegenden Drachen zu *sehen*, muss ich fähig sein, alles zu sehen. Das einzige Ziel besteht darin, unsere Imagination so zu trainieren, dass sie absolut konkret wird.

Dann sollte man also sein Gedächtnis benutzen?

Es spielt bei der Übung nur insoweit eine Rolle, dass Sie sich etwas *vorstellen* können. Je mehr Sie visualisieren, desto richtiger ist es, und je mehr Sie kalkulieren, desto falscher ist es.

Es ist nötig, den physischen Prozess zu durchlaufen, mir meinen Körper in Bewegung vorzustellen, doch es scheint mir eine zusätzliche Hürde aufzubauen, wenn ich mich mir ausserhalb von mir vorstellen muss. Das hat das Problem für mich verkompliziert.

Es ist absolut nötig, sich den eigenen Körper vorzustellen. Im Idealfall müssen wir zwei Wahrnehmungen von uns selbst haben, völlig von aussen und gleichzeitig völlig bewusst über alles, was innerlich abläuft. Sich derart komplett unter Kontrolle zu haben, umfasst beide Dinge. Ich muss genau wissen, wie ich aussehe. Das ist schmerzhaft, aber es muss sein. Dann kann ich mich auf alles stürzen, was ich will. Später wird mein Instinkt regieren und die Führung übernehmen, so dass alle meine Stärken und Schwächen auf die richtige Weise angewendet werden.

Während unserer ersten Phase der Arbeit mit Stanislawski, in der er seine Methode entwickelte, betonte er sehr, dass alles von innen kommt und dass wir nicht vergessen dürften, wie wir aussehen. Es war eine schiefe Angelegenheit: Wir waren innerlich sehr reich, doch nichts drang nach aussen, weil wir nicht wussten, wie wir aussahen. Dann entdeckten wir, dass beide Dinge entwickelt werden mussten: Man ist sich sicher, innerlich reich zu sein, und man weiss, wie man von aussen aussieht. Eine gewisse Zeit lang schockieren einen also bestimmte Übungen, aber das vergeht.

Als ich versuchte aufzustehen, bemerkte ich, dass ich meine Hände dabei senken musste und war sehr unzufrieden mit dem Bild, das ich entwickelte.

Das ist genau das, was unsere Vorstellungskraft trainiert, immer genauer zu werden.

Sollen wir ein Gespür für das komplette Bild haben?

Natürlich.

Ist es bei dieser Übung hilfreich, viel in Bezug auf Zeichnung und Skulptur zu machen?

Das kann sehr hilfreich sein, doch von einem anderen Gesichtspunkt aus: ein gewisses Feuer zu schüren, das in uns ist, das aber durch unsere Art zu leben unterdrückt wird. Wir nützen unser inneres psychologisches Feuer nicht. Wir können jede Skulptur Michelangelos wählen, sie uns vorstellen und sie in unserer Imagination zu rechtfertigen versuchen, und wir werden verstehen, welches Feuer in Michelangelo brannte.

ÜBUNG

Stellen Sie sich die Figur eines Bettlers vor, der gegen eine Mauer lehnt, und sehen Sie nur eine Sache: Die Figur ist ruhig und hat den Kopf und die Augen gesenkt. Jetzt stellen Sie sich den Bettler so vor, dass er zu Ihnen aufschaut und mit den Augen um ein Almosen bettelt. Stellen Sie es sich vor und verkörpern Sie es dann. Dass ist sehr viel differenzierter und einfallsreicher, weil wir nicht länger selbst der Bettler sind. Wir werden sehen, dass unser Körper nicht flexibel genug ist und unsere Imagination nicht aktiv genug. Dann müssen wir uns dieselbe Sache erneut vorstellen und es noch einmal machen. Auf diese Weise trainieren wir unseren Körper, flexibler zu werden.

ÜBUNG: QUALITÄTEN DER BEWEGUNG – FORMEN, FLIESSEN, FLIEGEN UND AUSSTRAHLEN

Die folgende Übung machen wir auf der Grundlage von vier Qualitäten – *formen, fliessen, fliegen* und *ausstrahlen.* Laufen Sie mit dem Zentrum im Brustkorb und benutzen Sie die verschiedenen Qualitäten. Das Zentrum im Brustkorb macht unseren Körper von innen schöner, wir bekommen das Gefühl, wir seien wohlgeformt. Wir sind körperlich stark. Wir sind fit und gesund. Wir sind gross und kräftig. Wir sind stark. Wir sind aktiv. Wir sind voller Aktivität und Energie. Wir können fliegen. Schliessen Sie die Augen und stellen Sie sich vor, Sie schweben unter der Decke. Wir sind leicht. Wir sind gesund und stark. Unsere Arme und Hände sind schön beweglich und frei. Das Zentrum in unserem Brustkorb macht uns stark, leicht und frei.

Vierzehnte Unterrichtsstunde

Durchgehendes Spiel

29. Dezember 1941

Wir müssen zumindest *glauben*, dass etwas in uns kontinuierlich abläuft. Bestärkt das nicht unsere Aktivitäten, unser Selbstvertrauen, unseren Einfallsreichtum, unsere Originalität und unsere Fähigkeit und Sehnsucht, Tag für Tag und Woche für Woche zu wachsen? Natürlich wird es das. Wenn wir andererseits denken, dass wir nur spielen müssen, wenn sich ein Job ergibt, und die übrige Zeit passiv und träge sein können, trifft es natürlich nicht zu. Erlaubt der Schauspieler sich auch nur für einen Augenblick zu glauben, er sei eine träge Person, dann tötet das etwas in ihm und verringert seine Fähigkeiten.

Wir dürfen nie aufhören. Wir machen immer weiter, und wenn wir das *wissen*, werden unser inneres Leben, unsere Kraft und unsere Schönheit als Künstler sichtbar wachsen, und wir benutzen unsere Ausdrucksmittel besser und stärker, als wenn wir denken, wir seien nur gelegentlich als Künstler aktiv. Haben Sie diese anscheinend einfache und banale Ansicht verarbeitet, erkennen Sie, wie viel sie Ihnen gibt und eröffnet, und in Ihrem inneren Leben tun sich vielleicht Dinge auf, an die Sie auf keine andere Weise herankommen, als wenn Sie Ihren Blickwinkel ändern und zu neuen Auffassungen über sich selbst und Ihre Kunst gelangen.

DURCHGEHENDES SPIEL

Dieses durchgehende Spiel lässt sich trainieren. Wissen Sie noch, wie wir Gesten mit Qualitäten ausgeführt haben und an den Punkt kamen, als wir nach dem Trainieren der Gesten und Qualitäten weiterspielten und erkannten, das könne endlos so weitergehen? Danach sehnt sich unsere Natur. Beginnen wir mit einigen einfachen Übungen, die uns zu anderen Dingen führen, aber Sie werden sehen, es handelt sich um dieselbe Idee, nämlich, dass wir durchgehend spielen und gar nicht anders können, weil wir, wenn wir Schauspieler sind, immer Schauspieler sind.

IMPROVISATION

Dabei geht es mir um den Prozess der *Improvisation.* Es ist völlig falsch, der Illusion nachzuhängen, wir müssten etwas auf der Bühne fixieren. Niemals. Der Regisseur und der Autor können uns viele Umstände und genaue Vorgaben an die Hand geben, doch wenn uns bestimmte Dinge bewusst sind, erkennen wir, dass nichts unsere Fähigkeit zur Improvisation unterbinden oder uns unsere Freiheit als Schauspieler nehmen kann.

ÜBUNG

Machen Sie die folgende Geste: Der linke Arm liegt auf Ihrem Rücken und die andere Hand auf dem Kinn. Jetzt beobachten Sie, was psychologisch durch diese Geste ausgelöst wird. Betrachten Sie es als einen schauspielerischen Vorgang. Wenn Sie diese Geste ausgeführt haben, machen Sie eine kleine Pause, in der Sie sich nicht bewegen, aber zulassen, dass sich Dinge in Ihrem schauspielerischen Wesen abspielen. Nach der Pause lassen Sie die Hand und den Arm schnell fallen, schauen Sie dann hoch und senken den Kopf wieder. Auf diese Art beginnt ein ungeschriebenes Stück.

DIE SCHÖPFERISCHE INDIVIDUALITÄT DES SCHAUSPIELERS

Unsere konstante schauspielerische Individualität ist so reich und einzigartig, dass wir weder Gefahr laufen, den Regisseur noch uns selbst nachzuahmen, wenn wir unseren inneren kreativen Fähigkeiten vertrauen. Das Klischee ist eine Nachahmung meiner selbst oder einiger vergessener Dinge aus der Vergangenheit. Vergegenwärtigen Sie sich, dass in dieser kleinen, einfachen Übung, die wir gerade ausführten, unsere Individualität aufleben und sich ausdrücken konnte.

Nun lassen Sie uns eine dritte Sache zu dieser einfachen Übung hinzufügen, die darin besteht, dass wir die Arme plötzlich vor der Brust verschränken und einen Schritt zur Seite machen.

DER SCHAUSPIELER IST DAS THEATER

Wir können einfach immer so weitermachen mit nichts als unserem schauspielerischen Wesen, welches die Grundlage für alles ist. Wenn Sie also diese kleine Serie von Gesten ausgeführt haben, schauen Sie, was aus Ihrem schauspielerischen Wesen entsteht. Jemand, der die Dinge, die wir besprechen und zusammen erforschen, anders sieht, würde ihren Sinn bestreiten, aber das, was Sie gerade tun, ist wirklich sinnvoller als alles andere. Es ist intelligent und klug. Welches Stück Sie gerade spielen, weiss ich nicht, doch es ist sehr spannend zu sehen, weil ich Ihnen folge und an Ihnen dran bin und wahrnehme, wie Ihre Psychologie wächst, weil sie aus der einzig wahren Quelle kommt: *dem Schauspieler selbst.*

Der Regisseur, der Bühnenbildner usw. sind alle nur Mithelfer, aber *der Schauspieler ist das Theater.* Der Schauspieler, der an seine durchgehende Fähigkeit zu spielen glaubt. Dann wird das Stück, selbst Stücke wie die Shakespeares, für den echten und wahrhaftigen Schauspieler nur zum Vorwand, sich selbst auszudrücken. Shakespeare können wir nicht ausdrücken, weil wir nicht wissen, auf was er abzielte; nur uns selbst können wir ausdrücken. Wer auch immer der Autor ist, wir drücken nur uns selbst aus. Glauben wir zum Beispiel, wir drückten George Bernard Shaw aus, liegen wir falsch. Wir drücken uns selbst auf der Bühne aus. Wir sind immer wir selbst, sonst spielen wir gar nicht und sind wie Marionetten. Wenn wir voller Klischees oder anderer irritierender Dinge sind, gibt es kein Theater. Aber wenn wir echte Schauspieler sind, spielen wir uns selbst, von der Jugend bis ins hohe Alter.

Deshalb ist es wichtig, sich darüber bewusst zu sein: In welchem Stück auch immer, wir spielen uns selbst. Wenn diese Vorstellung wirklich verarbeitet wurde, befreit sie uns, auch im Unterbewusstsein. Wenn wir daran glauben und uns daran gewöhnen, und sie sich in den unbewussten Bereichen unseres Wesens festsetzt, kommt sie als Freiheit zurück. In anderen Ländern sah ich viele Regisseure, die nach einigen Probenwochen nicht mehr wussten, was sie mit den Schauspielern anfangen sollten. Es gibt Regisseure, die Schauspieler anschreien, sie sollten frei sein. Wie denn? Frei zu sein heisst, sich auf unsere *Fähigkeit, durchgehend zu spielen*, zu verlassen.

Natürlich gibt es in jedem Stück sogenannte «Orientierungspunkte», aber häufig bieten sie nichts, das wir durchgehend spielen könnten, so dass wir feige von einem Orientierungspunkt zum anderen springen. Stellen wir uns etwa vor, ich erschiesse jemanden in einem Moment und im nächsten weine ich. Bin ich feige, liegt nichts zwischen diesen beiden

Dingen. Ist uns jedoch unbewusst klar, dass wir durchgehend spielen, können wir eine Unmenge an Nuancen zwischen dem Augenblick des Schiessens und dem Augenblick des Weinens entwickeln. *Wie der Schauspieler spielt, ist unser Geheimnis, unser Talent, unsere Individualität.*

BRÜCKEN UND ÜBERGÄNGE

Deshalb können wir diese Fähigkeit «durchgehend und mutig spielen» nennen, ohne jede Angst. Ist uns als Schauspielern bewusst, dass wir durchgehend spielen, wissen wir immer, was als Nächstes zu tun ist, weil wir zwischen diesen beiden Orientierungspunkten *Brücken und Übergänge* gestalten können. Brücken und Übergänge zwischen zwei vorgegebenen Momenten. Egal, ob diese Brücken und Übergänge kurz oder lang sind, sie sind in jedem Fall die Dinge, von denen wir träumen. Zum Beispiel, *wie* wir anfangen zu weinen, und was danach passiert. *Wie* wir zu schiessen beginnen, und was danach passiert. Warum wir alle instinktiv den Moment antizipieren, bevor wir die Bühne betreten und auf das Stichwort lauschen. Das ist der absolut schönste Moment. Instinktiv wollen wir diese Fähigkeit entwickeln, durchgehend zu spielen und überall Brücken und Übergänge zu haben.

Alle diese Orientierungspunkte sind nicht so wichtig, wie es scheint. Natürlich sind für einen Dramatiker wie George Bernard Shaw überhaupt nur Orientierungspunkte wichtig. Er glaubt, alles was er schrieb, bestehe auf der Bühne aus einer Serie von Orientierungspunkten, und bringt damit das Stück um. Als Schriftsteller arbeitet er durchgehend, aber als Regisseur bringt er das Stück um.

ÜBUNG

Der erste Orientierungspunkt besteht darin, dass Sie mit einer starken Geste und einem Aufstampfen mit dem Fuss «Ja» sagen, es dann Ihrem inneren Leben überlassen, Brücken und Übergänge zu entwickeln, um zu dem anderen Orientierungspunkt weiterzugehen, wenn Sie «Nein» sagen mit der Qualität, liebevoll und ein wenig beschämt zu sein, und mit der Geste der Hand auf Ihrem Brustkorb.

ARCHETYPISCHE PSYCHOLOGIE SPIELEN, NICHT PERSÖNLICHE GEFÜHLE

Bitte «spionieren» Sie sich nicht selbst während der Übung aus. Das mache ich schon. Führen Sie sie mutig aus und verlassen sich dabei auf Dinge in Ihrem schauspielerischen Wesen. In dem Moment, wo ich Dinge aus einer anderen Quelle nehme und *meine Wut, meine Gefühle* auf der Bühne zeige, ist das falsch. Diese persönlichen Sachen müssen in unserer Kunst eliminiert werden, und der Weg besteht darin, auf die Quelle mit den verwandelten Dingen zu vertrauen, die wir erfahren haben. Dadurch kommen wir an die Quelle, die uns ermöglicht, durchgehend zu spielen, ohne jegliche äusserliche Rechtfertigung. Solange wir uns auf diese Fähigkeit, durchgehend zu spielen, verlassen, bleiben wir frei von falschen persönlichen Qualitäten.

Wenn wir diese Fähigkeit zu erwecken versuchen, sind wir als Schauspieler sicher und geborgen und eliminieren unsere persönlichen Dinge auf der Bühne, die auf das Publikum und den Schauspieler selbst immer so beleidigend wirken. Beispielsweise wirkt das *Spielen* der Qualität von Nachdenklichkeit weit stärker als der tatsächliche Prozess des Denkens, der viel zu persönlich ist. Wenn ich *spiele*, dass ich dastehe und sehr nachdenklich bin, obwohl mir gar nichts im Kopf herum geht, ist das deutlich künstlerischer und reicher. Versuchen Sie, es zu spielen. Und danach versuchen Sie, tatsächlich dazustehen und nachzudenken.

Angenommen, ich spiele eine Szene mit einem anderen Schauspieler, der etwas zu mir sagt, und ich denke wirklich darüber nach, was er sagt. Dann denke ich doch wirklich, oder nicht?

Nein. Sie denken nicht wirklich.

Angenommen, er sagt es auf andere Weise.

Das ist das «Wie», und in dieser Hinsicht sind Sie absolut frei.

Was hindert mich denn dann daran, in subtile oder offensichtliche Klischees zu verfallen? In Verhaltensweisen, statt einen künstlerische Impuls zu haben?

Nichts kann das verhindern. Es kommt darauf an, ob der Schauspieler voller Klischees ist oder nicht. Sie können auf der Bühne wirklich denken, und es kann trotzdem ein Klischee sein.

Als ein einfallsreicher, individueller Mensch ist es wahrscheinlich, dass ich eine individuelle, einfallsreiche Art zu denken hinkriege. Deshalb ist es doch realer und weniger ein Klischee, oder nicht?

Im Bereich des Unterbewussten gibt es noch sehr viel mehr Darstellungsweisen, als die, die wir finden, wenn wir wirklich denken. Zunächst einmal lässt uns wirkliches Denken gar keine Zeit zum Spielen. Es absorbiert alles, und wir werden dadurch Menschen wie im Alltag, was nichts mit Kunst zu tun hat. In Kontakt mit den Tiefen unseres Unterbewussten zu sein, ist etwas ganz anderes. Wenn wir das Gefühl haben, wir können uns auf der Bühne verlieren, indem wir real denken, und das durch etwas Klischeehaftes ersetzen, vertrauen wir nur unserem Unterbewussten nicht, das «Denken» auf tausend unterschiedliche Arten darstellen kann.

Wenn wir beispielsweise Othello spielen, und er denkt, müssen Sie das *darstellen*, weil sonst alle Rollen, die Sie spielen, lediglich Sie selbst werden. Aber wenn Sie durch Ihre Imagination den Weg zu Ihrem transformierten persönlichen Leben finden, zu Ihrem Unterbewussten, finden Sie viele Wege, «Denken» darzustellen, und Sie werden wissen, wie Othello denkt, wie Iago denkt, wie Falstaff denkt. Es gibt unendlich viele Möglichkeiten etwas darzustellen, und Sie haben die Freiheit, unter ihnen auszuwählen.

Was hindert mich denn dann als Othello daran, zu denken, statt etwas sinnlos anzudeuten? Was ist daran falsch?

Es ist nicht falsch. Der «Sinn», von dem wir sprechen, ist der Sinn Ihres künstlerischen «Wie». Desdemona umzubringen, ist etwas Abstraktes. Sobald Sie auf der Bühne Desdemona umbringen wollen, müssen Sie herausfinden, nicht in Ihrem alltäglichen «Strassenleben», sondern künstlerisch herausfinden, was es für Sie, oder für irgendjemanden, bedeutet zu töten. Natürlich ist das etwas anderes. Deshalb wird Ihre Art, Desdemona umzubringen, nur dann wirklich originell sein, wenn Sie sie in Ihrem Unterbewussten finden, und der Weg dorthin über all die Mittel erfolgt, über die wir in Bezug auf unsere Arbeit gesprochen haben. Ganz einfache Konzentration ist bereits ein Mittel, einen originellen Weg zu finden, Desdemona umzubringen. Imagination, die psychologische Geste, all diese Dinge kommen dabei zusammen.

Man kann das mit Stanislawskis Rechtfertigung vergleichen. Was tue ich, wenn das wahre Leben, mein Gespür für Wahrheit, nicht da ist? Was mache ich, wenn ich nicht durchgehend spielen kann? Muss ich dann auf die Rechtfertigung zurückgreifen?

Wenn Sie nicht in der Lage sind, durchgehend zu spielen, gibt es zwei Wege, solange Sie nicht genügend trainieren, um dieses durchgehende Leben zu erreichen. Deshalb lautet meine erste Antwort an Sie, sich an den Richtlinien zu orientieren, die Ihnen dieses durchgehende schauspielerische Leben bescheren werden. Ist es nicht da, dann können Sie es mit allem ersetzen, was Sie wollen, allen Mitteln, die Sie kennen.

Wenn man dann alles rechtfertigt, spielt man durchgehend?

Ich mochte die Art von Theater nie, bei der die Schauspieler aussehen, als dächten *sie, es aber nicht tatsächlich tun, das Denken, das nicht stattfindet, aber an das der Zuschauer glaubt. Es gibt jedoch eine andere Art zu spielen, bei der das Denken auf der Bühne tatsächlich* geschieht.

Im ersten Fall, wenn Sie nicht die Illusion bekamen, dass die betreffende Person dachte, war es der Fehler des Schauspielers, der Sie nicht davon überzeugen konnte, dass er dachte. Im zweiten Fall ist es nicht einmal möglich zu sagen, ob er überhaupt spielte.

Ich habe über die Technik der zwei Arten von Schauspielern nachgedacht, über die wir sprachen. Dabei bin ich darauf gekommen, dass der Schauspieler, der mich berührte, aus der Schule kam, in der der Schauspieler wirklich versuchte, auf der Bühne zu denken, während die andere Art der höchste Grad an Simulation war.

Ich spreche von etwas Drittem. Nicht von der offensichtlichen, realen Sache und nicht von Simulation, sondern von etwas Drittem, bei dem die Darstellung die reale Sache ist: nicht tatsächliches Denken und nicht die Simulation tatsächlichen Denkens. Es gibt einen anderen Bereich, in den wir vordringen können, wo wir Vorstellungen bekommen, die uns sehr viel mehr lehren, als wenn wir auf der Bühne dächten, was tatsächlich unmöglich ist. Es geht um eine dritte Dimension.

Wenn ich jemandem zusehe, der andeutet, was er denkt, passiert eigentlich gar nichts.

Jemand stellt Ihnen beispielsweise auf der Bühne eine Frage, und Sie müssen überlegen, bevor Sie antworten. Sie können nicht die *Psychologie* einer nachdenkenden Person haben, wenn Sie tatsächlich an etwas Bestimmtes denken. Sobald Sie nämlich tatsächlich denken, handelt es sich um verlorene Zeit und nicht um Kunst. Die Psychologie einer denkenden Person ist etwas völlig anderes als eine tatsächlich konkret denkende Person. Diese konkret denkende Person ist für mich falsch, weil sie sich sofort aus dem Bereich der Kunst entfernt.

Sie sind Künstler, Sie haben bereits die Erfahrung dieses Denkens gemacht, und Sie haben einen Vorrat an denkender Psychologie, anstatt dass Sie bei jeder Probe denken proben müssten. Ich bezweifle sehr, dass Sie tatsächlich auf der Bühne denken, selbst bei der ersten Probe. Sie mögen die Illusion haben, das sei der Fall, es stimmt aber nicht. Ein tatsächlicher Gedanke lässt nicht zu, dass im selben Moment noch irgendetwas anderes existiert. Selbst wenn Sie denken «Ich kaufe mir jetzt

Zigaretten», haben Sie in Ihrem Bewusstsein keinen Raum, an etwas anderes zu denken, während Sie daran denken.

Der Denkprozess absorbiert das ganze menschliche Wesen, sonst ist es nichts als herumtasten. Es ist träumen im Allgemeinen. Aber sobald Sie etwa an die Grundthesen Schopenhauers denken, kann nichts parallel dazu ablaufen. Deshalb gilt: Wenn Sie von tatsächlichem Denken sprechen, geht das nicht, es sei denn, Sie vergessen, Sie sind auf der Bühne. Der Prozess des Denkens schliesst alles andere aus.

Sie können zum Beispiel wütend sein und sich selbst beobachten, aber in dem Moment, in dem Sie versuchen, sich denken zu sehen, hören Sie auf zu denken, weil Sie sich selbst beobachten. Es ist der einzige Vorgang, den man nicht gleichzeitig beobachten kann. Also haben Sie nur zur Hälfte die Psychologie einer denkenden Person und zur anderen Hälfte Gedanken. Ich hingegen schlage vor, dass Sic das alles über Bord werfen und ausschliesslich die Psychologie einer denkenden Person annehmen. Natürlich werden Sie gleichzeitig einige Gedanken und Gefühle haben, die jedoch aus einem anderen Bereich kommen. Simulation ist kein wirkliches Leben, sondern etwas ein wenig Schwächeres. Kunst ist *verstärktes Leben* und daher das glatte Gegenteil. Simulieren wir etwas, sind wir schwächer als dieses, aber wenn wir spielen, sind wir stärker als das, was wir darstellen. Tut man so als ob, wird man leicht gelähmt, aber man kann nicht innerlich gelähmt spielen. Sie müssen Ihr eigenes Leben haben, plus ein weiteres Leben, plus zehn Leben, so stark wie Ihr eigenes.

Das ist etwas, das mich irritierte, als Peter Frye meinte, er könne den Gedanken nicht projizieren. Wenn er sich auf den Gedanken konzentrierte, konnte er nicht richtig spielen.

Gilt das auch für den Bereich des Gefühls? Als Sie uns die

Übung gaben, versuchte ich, sie einfach auszuführen, wie Sie es vorschlugen, aber das befriedigte mich nicht sonderlich. Beim zweiten Mal fügte ich Dinge hinzu, die sie interessanter machten.

Wenn Sie sie zehn Mal ausführen, werden Sie eine ganze Geschichte erschaffen, und das ist, was wir brauchen. Wenn es aus sich selbst heraus entsteht, haben Sie das Recht, es anzunehmen.

Es kam nicht aus sich selbst heraus. Ich schlug mir selbst bestimmte Dinge vor.

Alles, was in Ihnen entsteht, ist richtig.

Aber in Bezug auf das, was wir über Denken sagten, komme ich wieder auf die Ebene der alltäglichen Dinge herunter. Ich müsste in der Lage sein, es ohne vorgefasste Gedanken oder Gefühle zu tun.

Darf ich Sie fragen, ob Sie ein Baby haben oder es sich nur vorstellten? Nein? Dann ist es in Ordnung. Es war ein imaginäres Baby. Wenn ein Autor zum Beispiel all diese Vorschläge nicht akzeptieren würde, könnte er nie irgendetwas schreiben. Aber es darf nicht *persönlich* sein, ein imaginäres Baby ist in Ordnung.

Ich sage Ihnen noch etwas Ketzerisches. Alles, was wir auf der Bühne tun, ob wir denken oder etwas wollen oder andere Dinge spielen, immer sind es Gefühle von Anfang bis Ende, weil die ganze Kunst im Bereich der Gefühle liegt, überhaupt nicht im Bereich der Gedanken und auch nicht in dem des Willens im üblichen Sinn des Wortes. Ein Philosoph sagte einmal: «Wo ist der Wille, wenn wir etwas tun? Er ist eine grosse

Illusion.» Ich will zum Beispiel diesen Stuhl hochheben. Ich denke, es ist mein Wille, den ich ausdrücke, doch mit dem Willen hat das gar nichts zu tun. Der Wille ist so sehr vor uns selbst verborgen, dass wir nur eine Serie von Bildern haben, wie man einen Stuhl bewegt. Auf der Bühne und im alltäglichen Leben besitzen wir keinerlei Kenntnis des Willens. Es muss das Gefühl des Denkens sein, die Psychologie des Denkens. *Gefühle sind der Bereich der Kunst.* Sie müssen völlig konkret sein, aber ohne jegliche persönlichen Dinge.

Wenn Sie versuchen, es auf dieser Ebene zu belassen, sind das dann nicht dieselben Begriffe, die Sie dem Denkprozess verleihen? Sind diese beiden Dinge mit dem Archetyp verwandt?

DER ARCHETYP

Sehr verwandt sogar, weil im Bereich unseres Unterbewussten die Archetypen am Köcheln sind. Ich bin häufig gefragt worden, wie man das im alltäglichen Leben vermeiden kann. Wenn ich etwa einen sehr alten Mann spiele und auf der Strasse jemand mit besonders interessanten Zügen sehe, die ich nachahmen will. Ist das der «alltägliche Ansatz»? Natürlich nicht. Ich muss diese Aspekte nehmen, die Haltung und alles, aber es stellt sich die Frage: Wo fange ich an? Wenn Sie leer sind und keine Imagination haben oder einfach darauf warten, jemanden nachzuahmen, ist das falsch. Aber sobald Sie diese wunderbare Sache aus Ihrem Unterbewussten haben, sehen Sie mit anderen Augen, Sie können diesen alten Mann anschauen, und er ist nicht einfach nur «von der Strasse». Die Altersmerkmale werden keine reine Imitation sein, sie werden erfasst und transformiert von den Mitteln Ihres Unterbewussten und dadurch etwas, das wir benutzen können. Wir benutzen es künstlerisch. Es ist keine fotografische Abbildung, sondern eine Re-Kreation. Wir können alles benutzen, doch worum geht es grundsätzlich? Wenn es die Arbeit des Unterbewussten ist, stimmt es, handelt es sich aber nur um etwas kleines Persönliches, ist es falsch. Wir müssen die Fantasie eines Künstlers haben, nicht die eines Spiessbürgers.

RHYTHMUS

Welche Rolle spielt bei all dem der Rhythmus? Wenn ich spiele, muss ich mich auf eine bestimmte Art bewegen, doch wenn ich tatsächlich zu denken versuche, komme ich aus diesem Rhythmus heraus.

Natürlich ist der Rhythmus der wichtigste Punkt bei allem, aber wir müssen uns völlig sicher sein, unsere persönlichen Gefühle aussen vor zu lassen. Dann haben wir die Gewissheit, in der Lage zu sein, rhythmische Dinge umzusetzen, was der Königsweg beim Empfangen und Ausdrücken von Dingen ist. Doch wenn Sie denken, können Sie den Rhythmus nicht fühlen.

Vielleicht gibt es da eine terminologische Verwirrung. Als ich die Übung ausführte, dachte ich allgemein. Ich dachte über das Denken nach. Wie sehe ich aus, wenn ich denke? Aber später versuchte ich, tatsächlich zu denken, und das war sehr schwierig zu spielen, weil ich nicht die Zeit hatte, an das zu denken, was ich machte, und das ist kein richtiges Spielen. Vielleicht ist das, was Sie von uns wollen, nicht nicht zu denken, sondern mit allem zu denken, was wir haben.

Richtig. Wir können sagen, der Prozess des Denkens besteht aus zwei Dingen. Eines ist der Gedanke selbst, der Inhalt, und das andere ist die Psychologie der Person, die denkt. Auf der Bühne brauchen wir die Psychologie einer denkenden Person, aber wir brauchen keine tatsächlichen Gedanken. Wenn Sie sich auf der Bühne analysieren, während Sie denken, werden Sie mit Sicherheit bemerken, dass Sie keine Gedanken haben, die Sie völlig absorbieren. Sie sind in einem Zustand der Nachdenklichkeit, was richtig ist. Ich gab beispielsweise einmal einem Schauspieler die Rolle eines Philosophen. Ich konnte von diesem Schauspieler nichts bekommen, weil er nicht wusste, was die Psychologie des Denkens war. Er war im alltäglichen Leben überhaupt nicht dazu in der Lage zu denken. Das war ein sehr seltsamer Fall. Natürlich müssen wir wissen, wie man denkt, dann wissen wir auch, wie man denken *darstellt*, ohne tatsächlich dabei zu denken.

Auf der Bühne kommen wir oft in die Lage, dass wir auf die Frage unseres Partners eine sehr profunde Antwort geben. Müssten wir tatsächlich das ganze Problem reflektieren, hätten wir gar nicht die Zeit, an die Antwort zu denken. Deshalb ist die Illusion da und muss es auch sein. Mir fiel auf, dass mich, wenn ich tatsächlich denke, jemand fragen kann, warum ich so träge bin. Aber wenn ich tatsächlich nur herumtaste und nichts tue, denkt das Publikum, ich sei am Denken. Deshalb macht die Darstellung des Denkens einen stärkeren Eindruck als das tatsächliche Denken.

Ich habe den Eindruck, wenn ich mit jemandem in einer Szene bin, in der es Gefühl und Emotion gibt – nehmen wir an, ich muss etwas entscheiden –, dann bemerke ich, dass ich zuhöre, während ich rede oder mich bewege; emotionale Fragen stellen sich bei mir ein, wie ein innerer Dialog. Das sind Dinge, die ich als Gedanken oder «Gefühlsgedanken» definieren würde. Die Fragen sind sehr stark im Stück verankert und sehr spezifisch.

Dann besteht kein Widerspruch. Sie spielen innerlich mit Gefühlen und allem. Vielleicht habe ich einen Fehler gemacht, indem ich über Denken sprach, was eigentlich etwas Psychologisches ist. Das tatsächliche Denken, das zu bestimmten Dingen führt, ist ein sehr schmerzhafter Prozess, doch eine denkende Person darzustellen, bereitet Vergnügen. Was ich herausstellen möchte, ist, dass wir eigentlich alles darstellen können, es ist nur die Frage, von woher wir es holen. Wenn wir nur allgemein denken, ist das die schlimmste Art Klischee, aber wenn Sie Substanz dahinter haben, kann selbst ein Klischee belebt und beglaubigt werden.

subTexte

Die Reihe *subTexte* vereinigt Originaltexte zu jeweils einem Untersuchungsgegenstand aus den beiden Forschungsschwerpunkten «Performative Praxis» und «Film». Sie bietet Raum für Texte, Bilder oder digitale Medien, die zu einer Forschungsfrage über, für oder mit Darstellender Kunst oder Film entstanden sind. Als Publikationsgefäß trägt die Reihe dazu bei, Forschungsprozesse über das ephemere Ereignis und die Einzeluntersuchung hinaus zu ermöglichen, Zwischenergebnisse festzuhalten und vergleichende Perspektiven zu öffnen. Vom Symposiumband bis zur Materialsammlung verbindet sie die vielseitigen, reflexiven, ergänzenden, kommentierenden, divergierenden oder dokumentierenden Formen und Ansätze der Auseinandersetzung mit den Darstellenden Künsten und dem Film.

In der Reihe *subTexte* sind bisher erschienen:

subTexte 01	Attention Artaud. Zürich 2008.
subTexte 02	Wirklich? – Strategien der Authentizität im aktuellen Dokumentarfilm. Zürich 2009.
subTexte 03	Künstlerische Forschung. Positionen und Perspektiven. Zürich 2009.
subTexte 04	research@film. Forschung zwischen Kunst und Wissenschaft. Zürich 2010.
subTexte 05	Theater – Vermittlung – Schule. Ein Dialog. Zürich 2011.
subTexte 06	Wirkungsmaschine Schauspieler. Vom Menschendarsteller zum multifunktionalen Spielemacher. Zürich/Berlin 2011.
subTexte 07	Ästhetische Kommunikation im Kindertheater. Zürich 2012.
subTexte 08	Akustik des Vokals – Präliminarien. Zürich 2012.
subTexte 09	Michael Tschechow. Lektionen für den professionellen Schauspieler. *Alexander Verlag,* Berlin 2013.
subTexte 10	Disembodied Voice. *Alexander Verlag,* Berlin 2015.
subTexte 11	Freilichttheater. Eine Tradition auf neuen Wegen. *hier + jetzt,* Zürich/Baden 2015.
subTexte 12	Acoustics of the Vowel. Preliminaries (Dieter Maurer). *Peter Lang,* Bern 2016.

subTexte 13	Wiederholung und Ekstase (Milo Rau, Rolf Bossart). *Diaphanes*, Zürich/Berlin 2017.
subTexte 14	Impro Talks. https://www.zhdk.ch/publikationsreihe-subtexte. *open access,* Zürich 2017.
subTexte 15	ausgewandert – eingetanzt (Fumi Matsuda). *Zytglogge*, Basel 2018.
subTexte 16	IPF – Die erste Dekade. 10 Years of Artistic Research. *Theater der Zeit*, Berlin 2018.
subTexte 17	Ausweitung der Spielzone (Yvonne Schmidt). *Chronos*, Zürich 2020
subTexte 18	Minor Cinema: Experimental Film in Switzerland. *JRP Edition|Ringier*, Zürich 2020.
subTexte 19	DisAbility on Stage //disabilityonstage.zhdk.ch. *Hybrid Media Publication*, Zürich 2020.
subTexte 20	Sinn und Sinne im Tanz. Perspektiven aus Kunst und Wissenschaft. (Bischof/Lampert); *transcript,* Bielefeld 2020.
subTexte 21	Performative Sammlungen (Stefanie Lorey) *transcript,* Bielefeld 2020.
subTexte 22	Trotz allem. Gardi Hutter. Biografie (Denise Schmid). *hier + jetzt,* Baden 2021.
subTexte 23	Filmen, Forschen, Annotieren. Handbuch Research Video (Gunter Lösel, Martin Zimper). *Birkhäuser*, Basel 2021.
subTexte 24	Dance and Costumes. A History of Dressing Movement (Elna Matamoros). *Alexander Verlag,* Berlin 2021.
subTexte 25	Fertig gibt's nicht. Bühnenbild. Prozesse. (Michael Simon). *Theater der Zeit*, Berlin 2022.
subTexte 26	Michael Tschechow. Der Schauspieler ist das Theater. *Alexander Verlag,* Berlin 2022

in Vorbereitung:

subTexte 27	Actor & Avatar. Ein Katalog (Mersch, Grunwald, Rey) *transcript,* Bielefeld 2022

www.subtexte.ch

Michael Tschechow

DER SCHAUSPIELER IST DAS THEATER

New Yorker Vorträge 1942

Deutsch von Michael Raab

Herausgeben von Anton Rey und Ulrich Meyer-Horsch
Mit einem Vorwort von Lionel Walsh

subTexte 26

Die bis dato noch nie publizierten Vorträge des russischen Theaterpioniers Michael Tschechow (1891–1955), die dieser im Kriegsjahr 1942 vor Schauspielern in New York hielt, dienen der Veranschaulichung seiner Schauspielmethode. Das Besondere an diesen Vorlesungen ist ihre Verzahnung mit aktuellen gesellschaftlichen Ereignissen und der daraus resultierenden Forderung nach einem radikal neuen «Theater der Zukunft», dessen Zentrum eine neue Kunst des Spielens ist.

Tschechow erläutert u. a. verschiedene Wege der Verwandlung in die Bühnenfigur, insbesondere die Techniken des «imaginären Körpers» bzw. der «imaginären Körperzentren». Sodann spannt er den Bogen über Atmosphäre – die für ihn der «Herzschlag» jeder Aufführung ist – und individuelle Gefühle zu einfachen Übungen, die den Schauspieler körperlich wie emotional durchlässig halten.

Weiterhin untersucht er die Frage, was unter «Leben» auf der Bühne zu verstehen ist und macht praktische Vorschläge, wie sich die innere Lebenskraft der Bühnenfigur erforschen lässt. Darüber hinaus beleuchtet er die gesellschaftliche Stellung des Theaters und die Mühen des Probenprozesses. Ihnen stellt er seine Vision eines Theaters des Ensemblespiels und kooperativen Geistes entgegen.